KB040699

위대한 나의 발견

강점 코칭을 통한 변화와 혁신의 시작

위대한 나의 발견

김재은 박진희 서성미 신경화 우근영 이재욱 조선정 차휘진

추천사

'내가 진짜 좋아하면서 잘하는 일을 할 수 없을까?'

이 질문에 대한 고민을 해봤거나 하고 있다면 이 책은 당신에게 꼭 필요한 책일 것이다.

행복한 삶을 살기 위해 필요한 가장 위대한 발견은 자기 자신에 대한 발견이다. 많은 사람들이 가장 발견하고 싶어 하는 숙제이지만 동시에 가장 무관심하게 여기는 발견이기도 하다. 사람들은 행복한 삶을 원하지만 어떻게 하면 행복할 수 있는지 정작 자신에게는 충분히 묻지 않는다. 자신에 대한 발견 없이 그저 다른 사람이 만들어 놓은 기준을 가지고 자신을 끼워 맞추며 살아간다. 좋아하는 일에 대해서도, 잘하는 일에 대해서도 자기 자신에게 묻지 않고 살아가니 진짜 행복한 삶을 찾기가 여간 어려운 일이 아닐 것이다.

강점에 대한 연구를 시작한 뒤 수백 개의 조직과 수천 명의 사람들을 만났다. 다양한 환경과 직업의 사람들을 만났다. 그러면서 발견한 재미있는 사실이 있다. 스스로 성공적인 삶을 살고 있다고 느끼며 행복한 사람과 그렇지 않은 사람들의 결정적인 차이는 특별한 것이 아니었다. 바로 자신이 뭘 좋아하는지, 뭘 잘하는지에 대한 인식이었다. 이미 수많은 자기계발서에서 읽어봤던 이야기겠지만 이것은 듣기 좋은 말이 아니라 행복의 실체이다. 자신의 강점을 인식하고 있는 사람은 그렇지 않은 사람보다 행복하다고 느낄 확률이 760%나 높았다. 자신의 인식하고 있는 사람은 그렇지 않은 사람보다 630% 업무에 몰입했으며, 자신의 일이 더 가치 있다고 느끼는 확률도 930%나 높았다. 일과 삶에서 행복함을 느끼기 위해 "내가 누구인가?"라는 질문에 대한 대답이 너무 중요하다는 말이다.

이 책은 어쩌면 이 질문에 답을 줄 수 있는 실마리가 될 것이다. 특별히 이 책은 다양한 저자들이 함께 쓴 책이다. 나이도 직업도 경험도 매우 다른 사람들이 함께 썼다. 유일한 공통점은 위대한 나의 발견을 도와줄 수 있는 강점 전문가라는 것이다. 저자들은 먼저 자신의 강점을 찾기 위해 위대한 여정을 나선 선구자들이다. 자신에 대해 매우 깊은 고민과 통찰의 시간을 보낸 사람들이다. 그래서 여러분이 해야 할 고민의 깊이를 가장 잘 이해하고 있고, 어떻게 그 문제를 풀 수 있는지에 대한 다양한 경험과 관점을 제공해줄 것이다.

동일한 태니지먼트 강점 전문가 과정을 거쳐 강점 코치로 활동했지만, 강점을 적용하고 활용하는 과정도 저마다 달랐다. 그래서 이 책이 더 많은 사람들에게 답을 줄 것이라 확신한다. 다양한 삶의 환경을 가지고 있는 사람들에게 서로 다른 접근 방법과 솔루션을 줄 것이다.

취준생이 겪고 있는 문제를 풀어줄 것이고, 이직을 준비하는 사회초년생의 고민을 풀어줄 것이다. 경력이 단절된 한 아이의 부모의 문제를 해결해 줄 것이고, 은퇴 후 인생 2막을 준비하는 분들의 고민을 풀어줄 것이다. 자기 자신에 대한 위대한 발견을 도움으로써 이 문제들을 해결해줄 것이다. 이것은 지금까지 경험했던 괜찮아 보이는 답을 일방적으로 전달하는 것이 아니다. 진짜 자신에 대해 이해할 수 있도록 가이드를 제공하고, 진짜 나에게 맞는 방법을 찾을 수 있도록 생생한 경험을 전달해줄 것이다.

이 책을 통해 수많은 사람들의 변화를 목격하게 될 것 같은 기대와 설렘을 갖게 된다. 동시에 오랫동안 강점을 연구하고 태니지먼트를 만든 연구자이자 창업자로서 미안한 마음과 감사한 마음이 든다. 어쩌면 먼저 강점을 연구했던 사람으로서 주고 싶었던, 강점을 활용하고 변화하는 생생한 이야기를 대신 풀어준 저자분들께 감사의 마음을 전하고 싶다. 그리고 이 생생한 이야기를 접한 독자들이 책의 제목처럼 세상에서 가장 위대한 나의 발견을 성공하길 진심으로 바란다. 이 책이 그런 여정에 강력한 나침반이 될 것이라는 것을 신뢰한다.

김봉준 태니지먼트 창립자

추천사

내가 근무했던 미국의 웰스파고은행은 웰스Mr. Wells와 파고Mr. Fargo가 서부개척시대에 금을 마차로 실어 나르면서 벌어들인 많은 돈을 관리하기 위한 목적으로 시작되었다. 4마리가 끄는 마차로 고객과 물건을 원하는 위치까지 이동시켜주면서 부를 축적하게 되었기에 그 운송수단인 마차Coach를 자랑스러운 은행의 심볼로 삼으며 모든 직원의 명함에는 4마리의 말이 끄는 마차 그림이 찍혀 있다.

이 책은 4마리의 말 대신에 강점으로 고객을 그들이 원하는 삶의 목적지까지 이르도록 도와주는 8명의 코치가 썼다. 책을 읽으며 이분들이 많은 공통점을 갖고 있는 것을 알게 되었다. 첫째, 강점을 알게 된 이후 본인의 삶이 얼마나 변화되었는지를 직접 스스로 경험했다. 둘째, 사람들의 재능을 찾아내고 활용하여 그들이 더욱 멋진 삶을 살도록 도와주어야 한다는 사명감이 가득하다. 셋째로 이분들은 세상을 참 긍정적으로 바라보고 여유로움이라는 삶의 공간을 즐길 줄 안다는 것이다.

그런 공통점을 갖고 있는 여덟 분의 코치가 이 책에서 가장 강조하는 키워드는 '다름을 인정', '나다움', '나를 믿음'이라는 단어들이다. 사람들은 모두 다 다르기 때문에 다름을 인정하고 다른 사람들의 강점을 호기심을 갖고 들여다보는 노력이 필요하다고 저자들은 말하고 있다. 다름으로 갈등을 야기하는 것이 아니라 다름을 인정함으로 공감을 하게 되고 서로 배움의 계기가 될 수 있다고 한다.

'나다움'을 발견할수록 '나 다음'을 깨닫게 된다는 서성미 코치님의 말은 깊은 울림이 있다. '나다움'이란 무엇이고 어떻게 사는 것이 '나답게' 사는 것인지에 대한 모든 저자들의 깊은 성찰의 과정이 책의 구석구석에 녹아 들어 있다. '나 다음'을 생각한다는 것은 긍정의 마음을 갖고 있다는 징표이다. '나다움'에 대한 확신이 있을 때 강력한 동기부여가 되고 '나 다음'을 마음에 둘 때, 다시 한번 삶에 대한 진지한 태도가 생기고 자신 있게 앞으로 나아가게 된다.

삶의 길을 뚜벅뚜벅 걸어가는 동안에, 어느 순간 우리는 힘든 상황을 만나기도 하고 방향을 잃었다는 생각이 들기도 한다. 이때 필요한 것이 '나를 믿음'이다. 나를 믿을 수 있는 가장 확실한 방법은 자신의 강점을 아는 것이다. 그것을 명확하게 아는 순간 마음의 근육은 더욱 단단해지고 어깨는 쫙 펴진다. 그 무엇도 두려울 것이 없게 된다. 나를 믿음으로써 용기가 생기고 어떤 어려움이 닥치더라도 능히 극복할 수 있다는 자신감이 생긴다면 살아가는 것이 얼마나 즐겁고 행복할까?

나의 강점을 알고 싶은가? 그 강점을 활용하여 더 성장하고 발전하기를 원하는가? 그렇다면 8명의 코치들이 삶의 현장에서 체험한 강점의 효과를 《위대한 나의 발견》을 통해 알아보길 권한다. 이 책을 통해 여러분이 아직 모르고 있는 '위대한 나'를 발견하게 된다면… 정말 좋을 것이다.

유성희 코치 현 코칭투데이 대표, 전 웰스파고은행 서울지점 마케팅 담당 전무

개인과 조직의 잠재력을 극대화하여 최상의 가치 실현을 돕는 것

신경화

"강점을 알게 된 뒤로는 조급함이 없어졌어요."

강점 코칭 해드린 고객님께 오랜만에 연락드리며 이야기를 나누던 중 들은 답변이다.

코칭의 소감으로 '조급함이 없어졌다.'는 표현은 처음 들었다. 강점을 통해 스스로의 문제 해결 방식을 알게 되니 겁나는 것도 조급함도 없어졌단다. 어떤 상황에서건 여유로운 마음을 가지는 것이 초고수라고 생각하는데 그렇게 되신 느낌이었다.

처음부터 강점 코치를 목표에 두고 공부를 했던 것은 아니다. 하던 일이 사람들을 만나고 교육하는 일이었다. 사람을 대하는 일이다 보니 코칭 교육을 받으면 상담이나 교육에 좀 더 효과적일 것 같다는 생각이 들었다. 모든 사람은 온전하여 내부에 답을 갖고 있다는 관점에서 코칭이 출발한다는 부분도 마음에 들었다. 교육 효과를 위해서는 외부뿐 아닌 스스로의 동기부여가 필요한데 그 부분에 대한 답이 될 수 있을 것 같았다.

정보가 넘쳐나는 시대, 문제에 대한 해결책은 이미 다 나와 있고 알고 있다. 그럼에도 문제를 해결하지 못하는 경우가 많다. 변화하고자 마음을 먹고 구체적으로 계획을 짜고 나면 행동에 옮겨야 한다. 혼자서도 충분히 할 수 있지만 결과를 만들어내기까지는 크고 작은 시행착오를 겪게 될 것이고 생각보다 많은 노력과 시간이 필요할 수 있다. 이를 최소화하는 방법이 바로 코칭을 받는 것이다. 우리에게 이미 익숙한 학습이나 운동선수들의 '코칭' 외에도 근래에는 비즈니스, 라이프, 멘탈 등 다방면의 전문적인 코칭이 이루어지고 있다.

변화와 성장에 도움을 준다는 점에서 비슷한 의미로 보이는 티칭, 멘토링, 카운슬링, 컨설팅은 코칭과 어떤 차이가 있을까? 먼저 티칭은 일반적으로 생각하는 선생님의 역할로 지식을 전달해주는 것, 멘토링은 경험과 지식이 많은 사람이 스승 역할을 하여 지도와 조언으로 실력과 잠재력을 향상시켜 주는 것, 카운슬링은 심리적인 문제나 고민이 있는 사람의 문제를 해결하거나 심리적 성장을 돕는 것, 컨설팅은 특정 분야의 전문가가 고객을 상대로 상세하게 상담하고 도와주는 것이다.

코칭이 이들과 다른 가장 큰 차이점은 해결의 주체가 고객 자신이라는 점이다. 티칭, 멘토링, 컨설팅은 스승, 멘토, 카운슬러, 컨설팅 전문가가 해결책을 제시한다. 그러나 코칭은 코치가 해결책을 제시해주는 것이 아닌 스스로 문제점을 발견하고 해결책을 찾아낸다. 이를 위해 코치는 동기부여와 믿음을 심어주고 적극적으로 경청하고 질문하며 과정을 돕는다.

코치coach는 말이 끄는 마차를 의미하는 단어에서, 훈련을 뜻하는 트레이닝traning은 기차train에서 유래했다. 기차는 정해진 선로를 따라 이동하는 반면 마차는 본인이 있는 곳에서 원하는 곳으로 자유롭게 이동할 수 있다. 코치는 고객의 현재 상태에서 원하는 목표 상태에까지 도착하도록 개별 맞춤으로 도움을 준다.

줄탁동시啐啄同時 또는 줄탁동기啐啄同機라는 말이 있다. 병아리가 알에서 나오기 위해서는 새끼가 안에서 껍질을 쪼을 때 어미가 밖에서 바로 함께 쪼아서 깨뜨려준다는 뜻이다. 사람도 자아실현과 잠재력 개발을 위해서는 스스로 노력함과 동시에 도와주는 무언가 또는 누군가가 있다면 훨씬 효과적이다.

코칭 중에서 잠재력 발견과 개발에 초점을 둔 것이 강점 코칭이다. 성장의 핵심은 개인이 가진 자연 그대로의 모습인 재능을 바탕으로 개발하는 것이다. 강점은 사람의 내면에 있다. 잘하는 일이 기준이 아니다. 성공적으로 끝나긴 했으나 뭔가 채워지지 않는 허함이 있거나 기운이 빠지는 일은 강점이 아니다. 어떤 일을 하고 나면 신체적으로는 힘들 수 있으나 기쁨으로 충만한 마음이 드는 일, 나에게 매우 자연스러운 일, 거부감이 없고 더 하고 싶은 마음이 드는 일이 강점일 확률이 높다. 이를 활용해야 다른 어떤 일을 하는 것보다 즐겁고 탁월한 성과를 낼 수 있다.

신세대 젊은 직원들을 바라보는 시각은 직장생활보다 개인의 삶을 중시해 근무시간 안에서 편하게 하는 것만을 바란다고 생각하는 경우가 있다. 그러나 유능한 직원들은 올바르고 진정성 있는 소통으로 회사의 상황이나 본인의 업무에 대해 제대로 이해하기를 바라며 신뢰를 바탕으로 자신의 능력을 개발하고 인정 받고 싶어한다. 상사 역시 직원들이 능력을 발휘해 일에 몰입하고 성과낼 수 있도록 도울 방법을 고민한다. 결국 양쪽 다 진정성 있는 소통을 바탕으로 잠재력을 발휘하여 성과를 내고 인정받기를 바란다는 공통점이 있다. 이를 해결하기 위해서 강점을 활용한다면 많은 도움을 받을 수 있다.

50년 이상 사람의 재능, 강점, 성공에 대해 연구한 미국 갤럽 조사에 따르면 강점에 집중하고 약점을 관리할 때 직원 몰입도는 15%, 성과 8.9%, 조직 생산성은 12.5%, 수익성 22%, 향상되었다. 만족도가 높은 조직은 생산성이나 성과와 직결되지 않는다. 그러나 몰입도가 높은 조직은 생산성과 성과에 직결된다. 강점에 대한 중요성을 인식하고 기업이나 공공기관에서 강점 코칭을 인재활용 및 성과창출에 활용하고 있다.

코칭의 필요성은 현재 그리고 앞으로 점점 더 부각될 것이다. 에릭 슈밋 구글 회장은 2009년 잡지와의 인터뷰에서 자신이 받은 생애 최고의 조언으로 "코치를 고용하라"였다며 이렇게 말했다.

"내가 세상에서 이 일을 제일 잘하는데 코치가 무슨 조언을 하지? 라는 생각을 했다. 막상 코치를 받고 보니 나와는 다른 시각으로 문제를 보며 어떻게 접근하는지에 대해 알게 되었다. 사업을 하다가 문제가 생기면 문제 자체에 갇히는 경향이 있는데 코치는 한 단계 올라선 긴 안목을 갖도록 유도했다."

포춘 500대 기업의 CEO 중 50% 이상이 코칭을 받고 있으며 2009년 ICF Global Coaching Client Study에 따르면 프로코치를 도입한 기업은 투자비용의 7배 수익을 올렸고 개인 고객은 3.44배 투자대비 수익을 올렸다는 조사를 발표했다.

한국코치협회에 따르면 최근 10년간 코칭이 급격하게 주목을 받게 되었다. 그 이유 중 하나는 급변하는 세상의 변화에 빠른 대응이 요구되기 때문이다. 자신의 방식뿐 아니라 다른 사람의 아이디어나 방식을 서로 도입하거나 공유하고 협력에 의해서 일을 진행시켜 나가는 것이 가장 높은 성과를 올리는 수단이 되었다. 코칭은 성과를 올리는 방법으로 주목받게 되어 비즈니스 현장의 리더나 매니저가 갖추어야 하는 필수 역량이 되었다. 또한 지금까지와는 다른 시각으로 문제를 바라보면서 통찰력을 가지게 되어 일상 생활에 있어서 의사결정이나 대인 관계 능력도 향상시킬 수 있으니 코칭이나 강점 코칭을 경험해보시길 추천드린다.

일터·가정·관계를 나답게 풀어나가는 핵심 열쇠

서성미

'나다움'을 발견할수록 '나 다음'을 깨닫게 됩니다. 전문코치로 활동하며 만난 대다수 고객은 내가 뭘 좋아하는지, 뭘 잘하는지, 뭘 해야 할지 모르겠다고 합니다. 저 역시 청소년기를 지나 청년, 장년기에 입문해서도 반복적으로 던졌던 질문입니다. 특히 세 아이를 낳아 키우며 일하랴, 살림하랴, 육아하랴 하루하루 살아내기 바빴던 그 시절, 나다움에 대한 갈급함이 가장 컸습니다. 해답이 어딘가에 있을 것 같아 책을 읽고, 강의를 듣고, 멘토를 추천 받아 인터뷰를 하러 다녔던 시간들을 보냈습니다. 책의 저자, 한 분야의 전문 강사, 멘토들도 삶을 살아내며 깨닫게 된 자신만의 해법이자 노하우를 가지고 있었지만 제 상황에 똑 떨어지는 해답이 아니었습니다. '나답게 살기란 이런 것이다'라는 해답이 있기는 할까 생각되기도 합니다. 그 때 던졌던 나는 누구이며 어떤 삶을 살기를 원하는가에 대한 답을 찾기 위해 발버둥 쳤던 시간들이 참 값지고 귀했다는 생각이 듭니다. 자기분석을 통해 성찰하는 시간 속에서 사명과 비전과 중장기 계획을 세우고 한 방향으로 정렬된 지금을 살아가고 있습니다.

'강점 발견'은 17년간 제약회사 연구원으로 일했던 직업을 고객의 삶의 문제를 함께 탐구하고 솔루션을 찾아가는 여정을 돕는 전문 코치로 옮기는데 확신과 용기를 줬던 자원이자 동력이었습니다. 강점의 긍정적인 면이 비즈니스에서 잘 실현되는지 의도적인 훈련을 거쳐 검증하는 시간을 가지면서 더욱 확신할 수 있었습니다. 이 책은 나다움을 발견하는 것을 넘어 타인의 나다움을 발견하고 개발하는 여정을 돕길 원하는 강점 코치들과 함께 쓴 책입니다. 먼저는 강점 코치 본인이 강점 진단과 해석, 개발 과정을 통해 전과 후의 삶의 변화와 깨달음을 소개하고 있습니다. 또, 강점 개발 여정에서 동기부여 포인트, 강점 발현 노하우도 자신의 강점에 맞게 이야기해 주고 있습니다.

공저 작가들은 '태니지먼트Talent+Management 합성어' 강점 코치 육성 과정을 통해 만난 인연입니다. 강점 코치 인증과제를 함께 완료하자는 취지로 스터디모임을 통해 지속 발전시켜 온 멤버이기도 합니다. 24가지 재능과 8가지 강점, 롤모델 사례 연구, 상호코칭 실습을 위해 매주 금요일 온라인 학습을 진행했습니다. 이 모임에 대한 저의 첫 인상은 '탁월한 모임이다'였습니다. 사교적인 저의 성격 덕분에 다양한 커뮤니티에 소속되어 활동하고 있습니다. 다른 모임과 달리 강점 기반으로 역할을 배분하니 기꺼이 즐기는 마음으로 주도적으로 일을 척척 해내는 모습이 신기할 따름이었습니다. 케이스 스터디를 통해 재능과 강점에 대한 공감과 이해의 폭도 넓혀갈 수 있었습니다. 다양한 재능과 강점을 가지고 있는 우리도 서로의 다름 덕분에 부족한 부분을 채워나가고 새로운 시각으로 세상을 볼 수 있게 도움을 받고 있다며 이야기했습니다. 나와 다른 생각, 감정, 행동 특성이 '옳다, 그르다'의 개념이 아니라 다름으로 인식할 수 있게 되었습니다. 또 다름이 축복이라 느낄 수 있었습니다.

인증과제를 제출하고 강점 코치가 된 이후에도 이 모임을 계속 이어가길 원했고, 우리의 이야기를 글로 써보자는 공동의 목표를 갖게 되었습니다. 강점 코치가 되기 전 처음 나의 강점을 알게 되었을 때, 단어와 개념이 낯설고 어색했던 우리들의 모습을 생각해봅니다. 강점 진단 결과 리포트를 받았을 때 소감이 아직 생생한 우리들의 이야기가 처음 접하는 분들의 눈높이에서 친절하게 설명해 줄 수 있을 것이라는 생각에 집필을 시작했습니다. 나를 알아가는 과정 '알음다움'이 나만의 빛깔로 찬란하게 빛나는 아름다움이 될 수 있도록 강점 코칭으로 함께하고 싶습니다. 8명의 강점 코치들의 생생한 경험담과 깨달음이 독자분들에게 공감과 재미와 위로와 감동이 될 수 있길 간절히 바라봅니다.

강점은 살면서 만나게 되는 일과 가족, 관계를 지혜롭게 나답게 풀어나가는 핵심 열쇠가 되어줄 것입니다. 함께 집필한 8명의 작가도 강점을 일터에서 가정에서 관계 속에서 나답게 풀어내고 덕을 많이 봤답니다. 그동안 나의 부족한 면, 약점을 보완하기 위해 썼던 한정된 자원을 사용했다면 이제는 강점을 개발하고 의도적으로 활용하는데 투자해 보지 않겠습니까? 이 책은 '나다움'을 바르게 인식하고 받아들이고 활용할 수 있도록 안내해 드립니다. '나 다음'으로 넘어가는 여정에 작으나마 기여할 수 있길 바라는 마음에서 내용을 담았습니다. 강점으로 시작했지만 사명과 비전까지 발견하는 시간이 될 수 있길 응원드립니다.

내 안의 성장에 대한 자신감

조선정

'미친 거 아니야?'

작정하고 입 밖으로 소리 내지는 못했어도 속으로 참 자주 했던 말이다. 나와는 다른 기준, 생각, 행동, 가치관은 모두 '미친 것'이었다. 그러던 중 우연찮은 기회에 강점 진단을 하게 되었고, 사람들은 각자의 타고난 욕구로 인해 다양한 재능, 강점을 갖게 되고, 또 그것 때문에 자신만의 고유한 방식으로 행동하고 사고할 때 가장 행복할 수 있다는 사실을 알게 되었다. 내가 가장 나다운 방식으로 행복하고 싶은 만큼 다른 사람도 그렇다는 것이다. 세상의 '미친 것'들이 이제는 '그럴 수 있는 것' 또는 '그래, 그런 것!'으로 변화하게 되었다.

작정하고 '강점에 대해 공부해야겠어!'라고 시작한 것이 아니었다. 앞서 밝혔다시피 그야말로 우연찮은 기회에 강점 진단을 하게 되었고, 관련된 자료를 읽고, 듣고, 배우고, 주변 사람들과 나누면서 강점의 매력에 빠지게 되었다. 그리고 이런 현상은 나뿐만 아니라 내 주변에서도 꽤 종종 목격되었다. 타고난 재능을 마음껏 건강하게 사용하면 할수록 삶은 의욕에 넘치게 된다. 그래서 한 번 강점에 빠져들면 그 행복감과 의욕 넘침으로 인해 헤어날 수 없는 듯하다. 이 마법 같은 기분을 더 많은 사람들이 경험하기를 바라는 마음에 강점 코치님들과 뜻을 같이하여 이번 공저 프로젝트를 시작하게 되었다. 자신의 강점을 발견하고, 받아들이고, 건강하게 쓰일 수 있도록 노력하는 것이 얼마나 내 삶에 큰 가치일지 서로의 사례를 모아 간증하고 싶었던 것 같다. 독자들도 8명의 강점 코치가 각자의 경험과 사례를 통해 강점 기반의 삶이 어떤 힘을 가지는지 알았으면 하는 바람이다.

독자들이 이 책을 만나고 시간이 흘러 글귀 하나하나를 기억하지는 못하게 되더라도 이것만은 꼭 기억했으면 하는 3가지 사실이 있다.

첫번째, 세상의 모든 사람들은 나름의 재능을 갖고 있다.

'내게는 이런 재능이 있어요.'라고 깨닫는 것이 어떤 사람에게는 엄청난 자기 위로가 되기도 하고, 어떤 사람에게는 더 큰 자신감을 불러일으키기도 한다. 더 나아가, 다른 사람도 나처럼 나름의 재능을 가지고 있다고 생각의 방향을 긍정으로 돌릴 수 있다. 내게 있어 '모든 사람은 잠재력은 가지고 있다.'라는 코칭의 철학에 대한 진정성을 갖게 해준 것이 바로 이 재능, 강점이었다. 독자들도 이 책을 읽어나가면서 '내 재능은 무얼까? 어떻게 했을 때 가장 자연스럽고, 잘 하고, 행복한가?'를 생각해 보기를 바란다. 사람들은 종종 다른 사람들에 대해 뒷말을 한다. 이제는 부정적인 면에 대해 이야기하기보다 상대방의 재능은 무엇일까 생각하고 나누는 시간을 가져본다면 우리 강점 코치들이 그랬듯이 그 긍정의 힘을 경험할 수 있을 것이다.

두번째, 재능을 강점으로 발현시키기 위해서는 투자가 필요하다.

세상에 공짜는 없다. 아무리 좋은 음식도 좋은 기술도, 잘못 사용하거나 과용하면 꼭 탈이 나기 마련이다. 즉, 나의 타고난 재능도 의식하고 노력하고 갈고 닦지 않으면 강점으로 발현되기는커녕 도리어 내 자신 그리고 주변 사람들을 힘들게 하는 약점이 될 수 있다. 이 책에는 8명의 강점 코치들이 어떻게 스스로 재능에 투자하여 강점으로 발현시켰는지, 그리고 다른 사람들의 강점 발현을 위해 어떻게 도움을 주었는지 소개되어 있다. 일종의 베스트 프랙티스 모음집이라는 것을 기억하고, 독자들도 자신의 재능이 약점으로 전락하지 않고 강점으로 꽃피울 수 있도록 노력하고 투자하는 데 동기부여 되었으면 한다.

세번째, 강점을 발휘하는 삶=행복한 삶이다.

가장 자연스러운 나, 즉 타고난 재능을 건강하게 활용할 수 있다면 행복한 몰입을 통해 내가 바라는 성과를 낼 수 있다. 마치 잘 맞지 않은 남의 옷을 입으면 불편하거나 어색한 것과 같이, 내 뜻대로가 아닌 다른 사람이 원하는 모습으로 생각하고 행동하는 것도 여간 힘든 일이 아니다.

그런데 나의 타고난 재능을 알게 되고 강점으로 발현시킬 수 있게 된다면 가장 나답게 행동하기 때문에 자신 있게 행복하게 즐겁게 몰입할 수밖에 없다. 독자들은 행복한 삶은 누군가 가져다주는 것이 아닌 내 스스로 만들어 갈 수 있다는 것, 그리고 강점 발휘가 그렇게 해줄 수 있다는 것을 8명의 강점 코치의 경험과 사례를 통해 발견할 수 있을 것이다.

사람들 앞에서 강의를 하거나 워크숍을 진행하는 것을 업으로 하고 있는 나도, 불특정 다수에게 내 이야기, 그것도 쉽게 들추기 어려운, 속 깊은 경험을 휘발되지 않는 글로 나눈다는 것이 여간 부끄러운 일이 아니었다. '강점으로 변화된 내 삶을 나누면 좋겠다.'라는 단순한 생각으로 글을 쓰기 시작했는데, 한 챕터 한 챕터 쓰면 쓸수록 내 스스로를 까발려서 치부를 드러내는 것은 아닌가 싶은 걱정이 쏟아졌다. 그렇지만, '나는 재능 있는 사람'이라는 믿음으로 용기 내어 마음을 다잡고, 강점 기반의 삶이 가져온 내 안의 성장에 대한 자신감으로 이번 프로젝트를 마무리할 수 있었다. '행동'하고 '달성'할 때 가장 행복한 나를 다시 한 번 경험하게 된 순간이었다.

'참 좋은데 뭐라 표현할 방법이 없네.'

재능과 강점에 대해 공부하면서 어떻게 이 좋은 것을 다른 사람에게도 효과적으로 소개할 수 있을까 고민이 많았다. 그래서 택한 방법이 바로 8명의 코치의 실제 경험과 사례를 글로 나누는 것이었다. 구구절절 이유를 설명하는 것보다 하나의 확실한 사례가 독자들에게 더 진정성 있게 다가가기를 바란다.

차례

chapter 2

강점 코칭의 시작

chapter 3

강점은 어떻게 만들어지는가

chapter 4

강점 코칭의 실전과 성공 사례

chapter 5

강점 활용을 통한 변화와 혁신

chapter 1

진정한 나를 발견하는 일의 가치

자신의 강점을 찾아야 하는 이유는,
행복과 불행의 원인을 명확하게 규명하고,
자신과 타인의 행복한 삶을 추구하기 위함이다.

의미 있게 사는 방법

신경화

나이 50세에 나에게 한 질문.

'내가 좋아하는 게 뭐지? 내가 잘 하는 게 뭐지?'

누구나 인생에 한 번은 나를 알기 위한 질문을 한다고 한다. 10대, 20대에 하지 않았다면 나처럼 은퇴가 다가오는 시점에 하게 된다. 기가 막히게도 선뜻 답이 나오지 않았다. 50세가 되어도 내가 어떤 사람인지 모르겠다. 그동안은 눈앞에 닥친 일들을 해내느라 생각할 시간이 없었다. 알아야 할 필요성도 느끼지 못했다. 건강상의 이유로 갑작스럽게 퇴사를 했다. 건강을 회복한 후 다시 일을 시작하기 위한 준비 과정에서 충격적인 말을 듣고 이 질문을 하게 되었다.

아이들이 유치원 다닐 무렵, 박물관이나 미술관 등을 데리고 다니며 유물이나 전시물 설명을 해주고 싶었다. 인터넷이나 책을 보며 설명할 내용을 준비했으나 막상 현장에 가면 10분이 채 되지 않아 할 말이 떨어졌다. 우연히 '체험학습 강사모집' 공고를 보았다. 박물관, 고

궁, 숲 등 체험학습 강사에게 필요한 교육을 시켜준단다. 강사보다는 공부할 목적으로 지원했다. 학교 다닐 때 역사, 사회 수업은 그저 암기 과목일 뿐이었다. 그러나 현장에서 배우는 내용은 살아있는 삶의 이야기로 느껴져 재미있었다. 20년 전의 일이라 체험학습 업계에서는 1세대인 셈이다. 함께하던 강사들과 체험학습 강사협회를 만들고 사무국장 일을 맡았다. 강사채용, 교육, 관리, 파견, 협회 운영 등의 전반적인 일을 했다. 그 경력으로 SK 사회적 기업 '행복한 학교'의 강사 담당자로 입사하게 되었다. '행복한 학교'는 서울에 있는 초등학교, 중학교 CA, 특별활동 및 방과 후 학교를 통째로 맡아 운영하는 곳이었다. SK가 주축이 되어 서울시, 여성 인력센터와 함께 사회 공헌을 목적으로 만들어졌다. 저소득층은 물론 일반 학생들을 위해 저렴한 비용으로 양질의 교육을 제공했다. 아이들을 위한 매우 의미 있는 일이라는 점이 마음에 들어 입사를 결정했다.

입사 6개월 무렵, 학교운영을 맡았던 상사가 개인 사정으로 퇴사했다. 강사 담당으로 들어갔고 아직 역량이 되지 않는 상태에서 사수 없이 학교운영 일을 맡게 되었다. 믿고 맡겨주신 건 고마운 일이나 좌충우돌 배우면서 일하다보니 우여곡절이 많았다. 결론적으로 혼자 한 일은 아니지만 운영하는 학교가 12개에서 29개로 늘어났다. 한 학교에 1명씩 파견근무하는 매니저가 학교 수만큼 늘어났다. 강사가 400~500명 정도로 업계 1등이 되었다. 그 과정에서 직장인으로서 겪을 수 있는 천국과 지옥을 모두 경험했다.

그 무렵 소망은 '탁월하게 일을 잘하고 싶다'였다. 어떻게 해야 할지 방법을 찾던 중 독서를 통해 인생이 바뀌었다는 사람을 여럿 보게 되었다. 특히 스타트업 젊은 CEO 서너 명이 "나의 인생은 독서를 하기 전과 후로 나뉜다."라며 독서가 성공의 비결이라고 했다. '그래? 그럼 나도 한번 해볼까?' 당시만 해도 1년에 읽는 책 권수는 다섯 손가락 안에 들 정도였다. 즐겨보지도 않았고 바쁘다는 핑계로 재미있다고 회자되는 베스트셀러 몇 권을 읽는 정도였다. 혼자 읽는 건 자신이 없었다. 독서모임을 찾았다.

검색을 통해 '양재나비' 독서모임이라는 곳을 발견했다. '양재나비'의 '나비'는 날아다니는 나비가 아닌 '나로부터 비롯되는 변화'라는 의미다. 비용이 1회 5천 원으로 상업적인 곳이라기보다는 사회단체 느낌이라 괜찮아 보였다. 그럼에도 불구하고 1년 동안 가지 못했다. 모임 시간이 토요일 새벽 6시 40분이었다. 토요일 아침은 직장인에게 어떤 시간인가? 일주일 동안의 피로를 풀기 위해 친구를 만나거나 좋아하는 영상 실컷 보고 전날 늦게 잠든 후 세상모르고 자는 시간이다. 매번 다짐한다. '이번엔 꼭 가보자.' 그러나 아침에 일어나면 9시를 훌쩍 넘기기 일쑤였다.

1년이 되어가니 해도 해도 너무 했다는 생각이 들었다. 한 번은 나가 보자라는 마음을 먹고 1년 만에 나간 날의 충격은 지금도 잊혀지지 않는다. 신세계를 보았다. 그 새벽에 많은 사람이 모여 책을 읽고 토론을 하고 그동안 듣고 싶었던, 그러나 어디에서도 들을 수 없었던 성장을 위한 이야기를 한껏 들을 수 있었다.

그 날 이후 단 한 주도 빠지지 않고 매주 참석했다. 오래 하다 보니 운영진이 되어 봉사를 했다. 미국에 자기관리를 위한 '프랭클린 다이어리'가 있다면 한국엔 '3P바인더'라는 다이어리가 있다. 양재나비는 3P바인더를 만드는 3P자기경영연구소에서 운영하는 독서모임이다. 일을 탁월하게 잘하고 싶다는 생각으로 갔는데 목표, 시간관리 등 자기계발을 실행할 수 있는 교육과 도구가 있었다. 리더십, 독서 등의 교육을 순차적으로 받았다. 그러다 입사제의를 받았다. 맡을 일은 양재나비를 비롯한 전국, 전 세계에서 운영되고 있는 독서모임을 운영 관리하는 것이다. 급여는 이전 회사에 비해 많이 적은 편이었다. 독서모임 나갈 무렵은 죽고 싶을 만큼 힘든 시기였고 숨통을 틔게 만들어 준 곳이 양재나비였다. 나처럼 삶에 힘든 사람들을 돕는 일이라면 매우 의미 있는 일이라는 생각에 기쁜 마음으로 이직을 했다.

일을 할 땐 몸과 마음, 영혼까지 갈아 넣는 스타일이다. 20여 년의 직장생활을 그렇게 하다 보니 몸이 다 망가졌다. 도저히 일을 할 수 없는 지경이 되어 일을 그만두게 되었다. 몸을 돌보지 않고 일하다 보니 살도 많이 쪘다. 건강하게 살 빼고 몸을 추수린 후 일을 다시 하자라는 생각으로 8개월 동안 건강한 다이어트로 17kg을 뺐다. 이후 본격적으로 내가 앞으로 무슨 일을 하면 좋을지 고민하는 과정에 멘토님을 뵈러 다녔다. 그 중 1인 기업가 대표이신 김형환 교수님을 뵈러 간 날. 어떤 일을 하며 살아왔는지에 대해 묻고 이야기를 다 들으신 후 하신 한마디.

"그동안 의미 없는 일을 의미 있다고 여기며 해오셨군요!"

망치로 머리를 맞는 느낌이었다. 당황해서 머리가 하얘졌다. 저소

득층을 위한 방과 후 학교, 사람을 살리는 독서모임, 모두 의미 있는 일이라서 몸을 갈아 넣으며 했던 일인데 의미 없는 일이라니…… 순간 20여 년의 직장생활이 무너져 내리는 느낌이었다. 교수님 말씀은 회사에게 의미 있는 일이지 나에게 의미 있는 일은 아니라는 뜻이다. 생각해보니 나에게 의미 있는 일을 먼저 정하고 그에 맞는 일을 찾아 했던 일들이 아니다. 결국 맞는 말씀이어서 할 말이 없었다.

의미 있게 살려면 이미 가지고 있는 내 안의 보석부터 찾아야 한다. 이 보석이 필요한 사람이 누구인지, 어떤 방법으로 전달할 것인지, 어떤 노력을 할 것인지를 생각해보면 된다. 그 보석이 바로 강점이다.

강점을 찾고 강점이 필요한 사람이 누구인지,
어떤 방법으로 전달할 것인지,
그러기 위해 나는 어떤 노력을 할 것인지 생각해보면 된다.

지피지기 백전불태, 나를 알면 위태롭지 않다

서성미

"지피지기면 백전백승" 들어본 적 있으시지요? "적을 알고 나를 알면 백 번 싸워도 백 번 이긴다."는 뜻입니다. 비틀어 생각해보면 적은 몰라도 나를 알면 승률이 반반일 수 있다는 뜻으로 해석될 수 있습니다. 비슷한 뜻의 "지피지기면 백전불태"라는 말도 있습니다. "적을 알고 나를 알면 위태롭지 않다."는 뜻입니다. 요즘처럼 급변하는 세상을 살면서 위태롭지 않을 수 있다면 가장 부러운 사람이 아닐까 생각됩니다. 새로운 선택과 다양한 갈등 상황 속에서 자신에 대한 올바른 분석과 인식만 되어 있어도 위태함을 줄일 수 있습니다. 자신에 대해 알아가는 방법으로 '강점'에 대한 이야기를 나누고자 합니다.

2021년 1월 저의 Top5 강점을 알게 되었습니다. 강점을 진단할 수 있는 검사가 있다는 것도 그때 처음 알았습니다. 진단 결과 리포트를 받아 든 소감은 '실망과 의심'이었습니다. 17년차 제약회사 제형개발 연구원으로 일을 했는데 34개의 강점 테마 중 상위 Top5 테마는 대부분 대인관계와 관련된 테마였습니다. 내심 전략적 사고와 날카롭고 예리한 분석, 판단력 이런 걸 기대했었습니다. 하지만 제 손에 들어온 '강점심층이해가이드' 결과 리포트에 있는 저의 강점은 실속 없게 느껴졌습니다. 마냥 사람 좋은 사람으로 비춰지는 것 같아 만족스럽지 않았습니다. 품었던 의심은 '대체 이런 강점으로 어떻게 연구원으로 오랜 시간 일할 수 있었지?', '적성에도 맞지 않는 일을 한다고 그동안 힘들었나?', '지금이라도 직업을 바꿔야 하나?' 이런 마음이었습니다.

저에게 실망을 안겨준 강점은 순서대로 '연결성, 긍정, 발상, 공감, 적응'입니다. 강점이라기보다 약점으로 느낄 때가 더 많았던 강점 테마입니다. 다른 사람이 힘들어하는 일을 지나치지 못하는 오지라퍼, 무한긍정 무대뽀 정신, 망상에 가까운 공상, 최소한의 기준도 없는 무조건적인 수용, 줏대 없이 이랬다저랬다 하는 걸 합리화라고 생각했던 부분들이 강점이라고 하니 어리둥절했습니다. 강점 코치의 디브리핑과 코칭이 없었다면 계속해서 강점의 어두운 면이 나의 전부인 줄 알고 원석을 보석으로 가다듬지 못하고 돌덩어리째로 뒀을 것입니다. 지금은 어엿한 강점 인증코치가 되어 저와 비슷한 반응을 보이는 고객님을 만나 반갑게 공감해드리고 있습니다. 그래서 처음 묻는 질문도 "강점 리포트 받아보고 소감이 어떠세요?"입니다. 강점을 어떻게 바라보고 수용하고 있는지 확인할 수 있어 첫 질문으로 사용하고 있습니다.

강점을 반쪽짜리로 알고 살았을 때, 외부 자극에 대해 자연스럽게 생각하고 느끼고 행동하는 특별한 나만의 재능이 드러나지 못하게 단속하며 살았습니다. 다른 사람 일에 관심이 생기면 '더 생각하지 말자, 관여하지 말자' 다짐하며 공감과 연결성이 발동되려는 것을 막아내기 바빴습니다. 다른 강점 테마들도 상황은 비슷했습니다. 긍정의 강점은, 안 좋은 상황에서 좋은 면만 보고 이야기하는 제 생각이 이해받지 못할 경우 답답함도 느끼고 제 생각을 반대하는 사람들을 원망하기도 했습니다. 발상 테마 역시 색다르게 생각하는 것이 좋아 떠오르는 생각을 말한 것뿐인데 말하는 것을 다 실행에 옮기고 진행하자로 받아들여져 더 이상 아이디어 내지 말라는 요구까지 받은 적이 있습니다. 그런 피드백을 받게 되면 '나는 사람들을 힘들게 하는 사람인가'라는 생각과 함께 씁쓸한 경험으로 쌓아갔습니다.

강점을 바르게 알게 된다는 것은 빛과 어두운 면을 다 인지한다는 것이고 부정적으로 사용될 때 자각하면 관리할 수 있다는 말입니다. 강점 결과지에서 설명하는 강점을 다각도로 들여다보는 노력도 필요합니다. 과거 성공경험에서 근거도 찾아보고 강점의 힌트가 되는 몰입했던 순간, 빠른 학습을 일으켰던 순간, 평소 외부 자극에 어떻게 반응했었나 생각도 해볼 수 있습니다. 지금까지 살아온 모습과 앞으로 살아내고 싶은 모습도 강점과 연결되어 있다는 성찰이 올라왔을 때 머리털이 서는 기분이었습니다. 그때 머리로 이해한 나의 강점이 마음속으로 훅 들어왔습니다.

강점의 어두운 면은 관리를 통해 성숙하게 사용할 수 있고 밝은 면은 의도된 훈련으로 강화시켜 탁월해질 수 있습니다. 원석도 가공의 단계가 필요하듯이 인지된 나의 강점도 아직은 부정적인 면과 긍정적인 면이 혼재된 상태라 훈련이라는 투자가 필요합니다. 강점을 수용하기 위한 노력으로 강점 리포트에서 공감 가는 문구를 조합해 강점 선언문을 만들어 봤습니다. 읽으면 읽을수록 '정말 이렇게 살고 싶다'는 마음이 샘솟았습니다.

서성미의 강점 선언문입니다.

- 나는 긍정의 에너지와 다각적 아이디어로 목표달성을 위해 선택과 집중을 도모하는 연결자이다.
- 나는 유대감을 소중히 여기며 다양한 방법과 감성적 소통으로 현실에 충실한 긍정가이다.
- 나는 흥미로운 훈련과 학습에 관심이 있으며 타인을 활동에 참가시키는 유연성이 뛰어난 발상가이다.
- 나는 타인과의 연결고리를 통해 소통하며 긍정적 열정을 다양한 아이디어로 풀어내는 공감가이다.
- 나는 새로운 도전에 있어 다양한 시도로 열정을 전이시켜 타인을 움직이게 만드는 적응가이다.

지피지기면 백전불태! 예측 불가능한 세상 속에서 내가 어떤 사람인지, 어떤 강점과 약점을 가지고 있는지만 알아도 위태롭지 않게 살아갈 수 있습니다. 오늘 아침에도 저의 강점 선언문을 큰 소리로 읊고 시작합니다. 오늘도 나다울 수 있는 삶, 나다울 수 있는 일에 한 걸음

더 가깝게 다가가려 합니다. '내'가 가장 '나다울' 때 반짝반짝 빛나는 보석이 됩니다.

모든 사람들이 강점을 바르게 인지하고 수용하고
의도된 훈련으로 빛나는 인생을 살 수 있도록
오늘도 강점 코치의 삶을 나답게 살아내고자 합니다.

나는 왜 그렇게 불행했고, 또 왜 그렇게 행복했을까?

조선정

IMF 여파로 이전에 없던 심각한 취업난이 일고 있었던 1998년 2월 대학교를 졸업했다. 그래도 너무나도 다행스럽게 한 무역회사에 취직했다. 대학교 4학년 2학기부터 취업을 준비하며, 약 300여 군데 회사에 이력서를 제출한 끝에 얻어낸 눈물 나는 결실이었다.

요즘 말로 하면, 내 업무는 그야말로 꿀잡이었다. 일본에서 큰 기업을 운영하는 재일교포 회장님의 한국 사무실 비서업무를 담당했었는데, 회장님은 한 달의 반 이상은 일본에 체류하고, 나머지 열흘 정도를 한국에 나와 계셨었다. 그러다 보니, 회장님이 국내에 계실 때만 일정을 관리하고 나머지 여유 시간에는 내 공부를 할 수 있는 꽤 자유롭고, 급여 수준도 그 당시 대학 졸업자의 평균치 정도는 되었던 것으로 기억한다.

처음에는 취업했다는 것, 그리고 월급봉투를 받는다는 것만으로도 너무나도 감사하고 스스로 자랑스러웠다. 그런데 그 감정이 얼마나

갔을까? 두서너 달 지나서부터 나는 도대체 무엇을 위해 일하고, 이 회사는 나로부터 무엇을 얻고 있을까 하는 의구심이 들기 시작했다. 매일 지루하고 의미 없이 쳇바퀴 도는 느낌으로, 결국 출퇴근 버스에서 하염없이 이유 모를 눈물만 흘리면서 다니기 일쑤인 생활이었다. 너무 그만두고 싶었지만, 그렇게 어렵게 잡은 취업의 기회를 다시는 얻지 못할 수도 있다는 두려움이 컸다. 그리고 '드디어 막내까지 대학을 졸업하고 사회에 나갔구나.' 하는 부모님의 안도감에 대한 중압감으로 쉽게 퇴사를 선언하지는 못했다.

그러던 중, 약 반년 전에 지원했으나, 회사 사정상 채용 시기를 미루고 있었던 한 종합금융회사에서 면접을 보러 오라고 연락이 왔다. 경제학과를 졸업한 나는 어떻게든 전공과 조금이라도 관련이 있는 산업, 그리고 누구나 이름만 대면 다 아는 회사, 더 나아가 그 당시 급여 수준도 가장 높은 축에 드는 금융사에 면접을 본다는 것만으로도 흥분되었다. 최선을 다해 면접을 준비했고, 다행스럽게도 그리고 감사하게도 나는 6명의 최종 합격자에 포함되었다.

입사 동기들은 영업부, 법인 영업부, 자금부로 나뉘어 배치되었고, 나는 그 중, 근무시간이 가장 긴 것으로 알려진 자금부에서 근무하게 되었다. 자금부 업무는 매일 아침 본격적인 개장 전에 주변 시중 은행에서 그날 하루 운용할 자금을 조달해오면서 시작된다. 어음 발행 및 추심, 그리고 당좌수표를 발행해서 현금을 사 오면서 팀원 모두 아주 분주하지만 마치 공장의 상품 생산 라인처럼 일사천리로 프로세스를 밟는다. 그리고 낮에는 자금판을 통해 자사 은행 잔고를 모니터링하면서 다른 금융 기관과 자금을 교환하고 운용한다. 영업부의 대고객 업무가 끝나면 알뜰하게 운용한 각 계좌의 잔액을 끝전까지 맞추고, 모출납의 현금 보유액까지 맞춘 후 마무리하게 된다. 0원에 가까운 잔고가 그날의 자금 운용을 최대치로 했다는 결과를 보여줄 때, 각 은행 잔고가 마지막 1원까지 딱 들어맞았을 때, 그리고 고객의 급한 요청으로 명동 일대 은행 당좌계와 출납계를 뛰어다니며 현금을 확보했을 때 느꼈던 희열은 그 기억만으로도 여전히 내 가슴을 뛰게 만든다. 어느새 명절 연휴가 5일이 아니라, 4일이면 섭섭하기 그지없는 중년 직장인이 되었지만, 그 당시는 내가 유일하게 주말 없이 매일 회사에 갔으면 좋겠다고 진심으로 느꼈던 뜨거웠던 시절이었다.

입사하고 약 보름 정도 되었을 때 회사 창립기념일을 맞이하여 자금부 사수 두 명이 전 직원 앞에서 모범사원 상을 받는 모습을 보았는데, 그렇게 멋져 보일 수 없었다. 그리고 '나도 언젠가는 꼭 저 상을 받아서 멋있는 사람이 되어야지.'라고 결심하게 되었고, 결국 다음 해 여전히 신입사원임에도 불구하고 나는 모범사원 상을 받게 되었다. 나는 행동도 크고 빠르고 목소리도 큰 덕분에 운 좋게도 조금만 움직여도 아주 열심히 일하는 직원으로 늘 칭찬을 받았던 것 같다. 내 일생일대 가장 스스로가 자랑스럽고 보람된 순간이었다.

우리 팀원은 대부분 20대 초반에서 30대 초반으로 꽤 젊은 직원으로 구성되어 있었는데, 모두 유머 감각이 남달라서 아침부터 저녁까지 그 어떤 긴박한 상황에서도 웃음과 긍정의 에너지가 끊이지 않았다. 아무래도 그것이 내가 가장 중요하게 생각하는 커리어 가치인 재미를 깨닫는 시작이었던 것 같다. 물론 유학으로 인해 퇴사하게 되었지만, 그때 내가 느꼈던 나의 열정과 재미는 내 삶의 원동력이고, 그때 만났던 인연은 아직도 소중하게 지속되고 있다.

그로부터 수년 후, 재능과 강점에 대해 알게 되면서, 사회 초년기의 내 불행과 행복의 원인을 찾을 수 있었다. 타고난 재능을 잘 활용할 수 있을 때 느끼는 자기 효용성이 내 인생의 활력소가 되는 것이다. 계획하고 행동하고 반드시 달성해내는 강점은 내게 만족도와 성취감을 느끼게 해주었다.

인재 경영 컨설턴트 김봉준 소장이 저서 《강점발견》에서 서술했듯이, '내가 나일 수 있는 삶, 내가 나일 수 있는 조직'을 만났을 때 진정한 행복과 기쁨을 경험할 수 있었다. 바로 그 에너지로 기여하는 삶을 추구하며 살아가는 것이다.

즉, 자신의 강점을 찾아야 하는 이유는,

행복과 불행의 원인을 명확하게 규명하고,

자신과 타인의 행복한 삶을 추구하기 위함이다.

강점을 찾는 것은 인간의 본능이자 살아갈 이유이다

박진희

'나답게'라는 단어에 충실한 삶을 살아가고 싶다. '돈'보다 '가치' 있는 삶을 선택하고자 하는 강박도 있다. 진짜 나를 찾으려고 여기저기 비싼 코칭 교육도 많이 받으러 다니며 나다운 삶에 대한 갈망을 채우려고 노력해 왔다. 덕분에 새로운 것에 대한 배움은 나를 무척이나 즐겁게 하고, 그 배움을 타인과 나눌 때 '나'라는 존재에 대한 의미 부여가 가장 크게 된다는 걸 알게 되었다.

'누군가에게 나눠주는 삶이 나를 살아 있게 느끼게 한다'라니…… 왜 이런 사람이 된 걸까? 이유는 모르겠지만, DNA에 이미 새겨져 있는 특별한 버튼이 있는 것 같다. 특별한 그 버튼을 찾아 누르면, 진짜 자신의 쓸모대로 살게 되고, 그 과정에서 동반된 자신의 존재감을 고스란히 느끼며 살게 되는 그런 마법의 버튼 말이다. 나의 버튼은 무엇을 숨기고 있는 걸까?

현재 다니는 회사는 직원들과 상생하며 살고자 하는 대표님과 고객의 성장에 대한 방향성과 철학이 너무나 마음에 드는 곳이다. 다만, 성과를 내는 방식과 그 과정에 있어서 리더의 다양성이 필요하다. 나란 존재는 그 다양성을 채울 수 있는 더할 나위 없이 좋은 케이스이다. 조직이라는 시스템을 답답해하는 사람, 흔히들 말하는 자유로운 영혼이 바로 나이기 때문이다. 새로 오픈할 지점의 리더 자리에 배치되었을 때, 이 조직에 나만의 색깔로 성공할 수 있다는 걸 '내가 보여주겠어!'라는 그야말로 원대한 포부를 품었다. 조직 안에서 그야말로 자유로운 영혼의 도전이 시작된 것이다.

신입 직원 두 명과 오픈 지점을 꾸려가는 길은 험난한 도전 그 자체였다. 한 달 후 오기로 했던 경력자는 4개월 후 합류로 변경되었고, 그 기한 동안 경력자의 직무까지 맡으면서 오버워크의 연속이었다. 집에서 차로 1시간 15분을 달려야 하는 근무지, 오픈 초기 마이너스 매출을 조금이라도 메꾸기 위해 세 가지 이상의 직무로 누적된 업무는 그야말로 끝이 없었고, 신입 직원들은 매일 해결할 이슈들을 가지고 왔다. 깊이 있고 완성도 높게 일을 하고 싶어 하는 나에게 체력은 이미 바닥을 드러내고 있었다. 헌신의 아이콘이었던 내가 이렇게 무너질 수 없다는 생각에 빌어먹을 책임감으로 하루하루 버틸 뿐이었다.

버티는 시간은 나를 더 부정적으로 만들었다. 오픈 5개월이 되었을 때, 체력적 고갈과 함께 리더로서의 멘탈도 완전히 무너지기 시작했다. '무엇 때문에 이렇게까지 일해야 하지?'란 생각이 분노로 이어졌으나 스스로 대처할 힘이 남아 있지 않았고, 경력자가 합류하게 된 시점에서는 거의 아사 상태의 사람과 다를 바 없게 되었다. 월급 받는 원장 자리에 앉아 매일 12시간 이상 일하고도 리더의 자질을 평가받아야 하는 자리, 내 색깔은 시작도 못 해 봤는데 자질에 대한 프레임이 씌워진 채 부정적인 시선마저 느껴졌다. 내 편이 없는 조직에서 나는 죽어가고 있었다. 결국 리더라면 절대 하지 않았어야 할 최악의 선택을 했다. 리더 자리를 내어놓고 도망친 것이다. 스스로는 생존을 위한 선택이었으나 조직에서는 실패자가 되었을 뿐인 그런 선택. 이렇게 만든 조직에 대한 분노가 치솟았다.

리더 자리를 그만두면서 10일간의 연차를 신청했다. 조직에 대한 분노로 그 시간을 보내면서, 왜 이렇게까지 화가 나는지 생각해 보았다. 이미 성공한 지점들이 수년 동안 만들어 놓은 운영방식을 따라야 한다는 강박. 새로운 도전을 하기 좋아하는 나에게 이 강박이야말로 일하면서 단 한 순간도 나답게 일하지 못하도록 만들게 한 자괴감의 원인이었다. 늦은 입사로 회사의 운영방식이 만들어지는 과정에 참여하지 못했던 내가, 조직의 리더로서 그것을 따라야 하는 위치이다 보니 답답함을 느낀 것이다. 이의를 제기하면 조직의 방향성에 딴지를 걸고 수용성이 떨어지는 사람으로 여겨진다는 생각이 들었다. 시스템에 갇혀서 나를 보여주기도 어렵고, 나란 사람을 '제대로 쓰는 방법'은 더 어려운, 조직구조에 어울리지 않은 사람. 나는 이곳에 어울리지 않는 사람이자 이해받기 힘든 사람이란 평가를 스스로 내리고 있었다. 무엇보다 나다움을 보여주며 살지 못하는 일이라면 더이상 지속하기 힘들다는 생각까지 도달했다.

조직이 나를 품을 수 없다면 떠나는 게 답이다! '잘하는 것'을 마음껏 펼치고, 그에 따른 인정과 대우를 받을 수 있는 곳. 그곳에서 가진 것을 아낌없이 나눠주며 헌신하겠다고 생각했다. 그런데, 막상 나눠줄 수 있는 것과 특별히 잘한다고 할 수 있는 것이 무엇인지 생각나지 않았다. 나만의 고유한 색깔도 모르겠고, 성과를 내는 루틴도 없었다. 새로운 곳을 가도 무엇을 어떻게 해야 나다운 건지 명확히 표현할 수 없었다. 나를 제대로 써먹지 못하는 조직이 문제가 아니라, 스스로 무엇을 진짜 잘하고 어떻게 사용하는지 몰랐다는 게 핵심이었다. 마음은 완벽했으나, 실천할 방법은 준비되지 않았기에 변화된 환경에 스스로 적응시키지 못한 것이다. 이미 갤럽 강점 코치 자격도 있고, 다른 사람들에겐 적절한 가이드도 잘해 주면서 정작 자신에게 적용하지 못하다니……부끄러웠다. 이 순간, 엉망이 된 나를 기다려준 회사가 너무나 고마웠고, '성찰'을 통해 배우는 존재인 나와 마주하며 비로소 숨을 쉴 수 있었다.

힘들 때 가장 많이 성장한다는 것을 안다. 배움, 에너지, 성찰이란 나만의 사이클을 다시 돌리게 만들어 준 것은 감당할 수 없다고 생각했던 고난의 순간 덕분이다. 배움과 성찰은 내 몸속의 특별한 버튼이다. 배움을 통해 버튼이 작동하면 바닥난 에너지가 채워지고, 나눌 수 있는 준비가 되기 시작한다. 그 과정에서 성찰은 나에게 일어난 힘든 일을 멋진 성장의 원동력으로 바꿔주는 마법의 시간이 된다.

살기 위해 뛰쳐나왔던 지난 선택은 업에 대해 스스로 정리할 수 있도록 도와준 일이 되었고, 나만의 마법 버튼도 찾아 주었다. 청소년들과 부모님들에게 공헌하는 지금의 삶은 로또 당첨에도 계속하고 싶은 나의 업이다. 누군가의 삶에 감동을 주고, 그 울림이 내게 돌아오는 일. 그것이 나를 '나답게' 살아가게 만드는 일이다.

살아가는 과정이 모두 연결되어 있음을 믿는다. 과거, 현재, 미래의 순간들은 연결되어 있다. 매 순간의 선택은 미래 나의 삶과 연결된다는 의미이다. 따라서 '나다운 선택'이 중요한 이유다.

우리가 해야 할 일은 '나다움'을 찾아가는 것.
그것이야말로 '나의 인생'을 살아가는
목적이자 가치가 아니겠는가.
강점을 찾아야 하는 이유는,
그것이 살아가는 이유이기 때문이다.

성공은 자신을 믿는 것에서 시작된다.
나는 강점을 발견하고 자기신뢰라는 날개를 얻었다.
이제, 날아오를 수 있다.

자연스럽고 흔들림 없는 나다움의 완성

차휘진

늘 멋있게 살고 싶었다. 주변이나 영화에서 멋지게 사는 사람들을 보면 많이도 부러웠고 그렇지 않은 나 자신을 보면 괴로웠다.

서른한 살까지도 내가 잘하는 것과 나다운 게 무엇인지 몰랐다. 이십대 중반까지는 열정을 다할 내 길을 찾고 싶었지만 알 수 없었다. 그래서 불안하고 막막했다. 대학에서 전공을 바꿔 보아도 이게 내 길이 맞는지 매일같이 고민했다. 무엇을 해도 확신이 없어 조급했다. 내가 무엇을 잘하는지 찾으려고 십대 초반부터 10년 동안 주변 사람들에게 질문해 보았지만, 명쾌한 답을 얻지 못했다. 잘하는 게 없는 것 같아서 낙담했고, 늘 자신이 없었다. 그런 상태가 갑갑했다.

그래서 이십대에는 이러한 부족함을 채우기 위해 노력파라는 말을 들을 정도로 매사에 최선을 다했다.

상대는 칭찬으로 노력파라고 말해주었지만, 나에게는 칭찬으로 들리지 않았다. 무엇이든 힘들여 노력해야 했기 때문이다. 나는 잘하는 게 없어서 늘 밑 빠진 독에 물을 붓듯 노력해야 한다고 생각했다. 노력해도 눈에 보이는 변화나 성과가 없거나 결과가 좋지 않아서, 노력이 소용없게 느껴질 때도 많았다.

자유로운 실력파가 되고 싶었다. 나다움으로 자유롭고, 실력이 있어서 필요할 때 능력을 발휘하는 사람들. 이런 사람이 제일 부러웠다. 이런 나도 자유로운 실력파가 될 수 있는 방법을 찾게 되었는데, 바로 강점이다. 나다움을 찾아가고 강점을 발견하고 사용하면서, 많은 것들이 서서히 달라지기 시작했다. 과거와 다른 현재를 살아가고 있다. 편하고 즐거운 순간이 많아졌다. 태도나 정서도 달라졌다. 이제는 내가 나라서 좋고 내 인생이 좋다. 미숙하고 조급했던 나를 끌어안아 줄 수 있게 되었다. 매년 인생 최고의 해가 갱신되고 있다.

강점 속에는 나를 이끄는 욕구drive가 숨겨져 있다. 그래서 강점을 발견하고 이해하면서 내가 어떤 사람인지 더 명료해졌다. 강점을 발견하면서 나다움으로 중심이 잡힌 단단한 나를 만날 수 있었다. 강점이 나의 필살기가 되었다. 강점을 강화하면서, 문제를 해결하거나 성과를 내는 것이 수월해졌다. 강점을 활용하면 나답게 살면서도 성과를 낼 수 있다는 것을 깨달았다. 문제 해결 능력의 열쇠는 나 자신의 강점이었다. 스스로 약하고 잘하는 게 없다고 생각해서 두려움이 많았던 때와 확연히 다르다. 나는 약하지 않고 부족하지도 않다고, 억지로 남처럼 살지 않아도 된다고, 다른 누구도 아닌 나 자신으로서 살아도 된다고 자신에게 말해줄 수 있게 되었다.

강점을 발견하고 자신을 마주해 나가면서 스스로에 대한 왜곡이

풀렸다. 태니지먼트의 강점 검사 결과지인 '프리미엄 리포트'를 처음 봤을 때는 깜짝 놀랐다. 아무에게도, 심지어 나 자신에게도 말하지 않았던 속마음을 들킨 기분이었다. 자신을 속여 왔다는 것을 깨달았다. 나는 결과보다 과정이 중요하고, 성취에는 관심이 없는 줄로만 알고 살아왔는데, 첫 번째 강점이 성취를 갈망하는 '달성'이었기 때문이다.

사실은 성취하고 이기고 싶었다. 지는 게 싫었다. 성취하지 못하거나 승부에 졌을 때 스트레스가 커서 결과에 관심이 없는 척해왔을 뿐임을 발견했다. 자신을 몰랐고, 있는 그대로 받아들이지 못하고 있던 것이다. 달성 강점을 발견하고 자신을 마주 보니, 성취하고 달성하고 싶은 욕구가 어마어마했다. 그동안 어떻게 모르고 살았는지 신기할 정도였다. 생각해 보니 목표를 이루기 위해 어떻게든 노력하거나, 목표 달성에 도움이 되는 책과 강의에 눈이 가고, 목표가 있을 때 수많은 자료를 찾아가며 준비했다. 못할 것 같거나 패배할 만한 상황은 최선을 다해 피했다. 어떻게 하면 성취할 수 있을지 노력하지 않아도 생각과 관심이 흘러갔다.

외면했던 자신을 받아들이고 나니, 마음이 한결 편해지고 자연스러워졌다. 성과와 승리에 관심이 없는 척하는 태도가 없어지기 시작했다. 달성하고 싶은 것에 몰두하는 게 거리낌이 없어졌다. 강점 검사를 통해서 달성하고 싶은 본심을 발견하게 된 덕분에, 내가 원하는 인생의 방향으로 시간과 에너지를 집중해서 사용하게 되었다. 자연스럽게 말, 행동, 시간 사용, 에너지 사용, 지출에 군더더기가 줄었다.

어릴 때는 비교를 많이 했고, 질투가 많았다. 학원에서 나보다 문제를 빠르게 푸는 친구를 질투했다. 브랜드 옷이 많다고 자랑하는 친구를 보면, 짜증이 나서 집에 도착하자마자 브랜드 옷을 사달라고 졸랐다. 그림을 잘 그리는 친구를 만나고 좌절해서 화가의 꿈을 접기도 하고, 나보다 잘난 것처럼 보이거나 무언가 잘하는 사람들을 많이도 부러워했다. 비교도 질투도 많았던 그 시기에는 아무도 나를 괴롭히지 않았지만, 참 괴로웠다.

나다움을 회복하며 강점을 발견하고 계발하기 시작하면서는 자연스럽게 나다움과 강점, 나의 바람에 집중하게 됐다. 의식해서 비교와 질투를 멈춘 것이 아니었다. 내 목표와 강점에 몰두하다 보니 타인이 보이지 않았다. 누군가 열심히 사는 것을 보면, 나도 열심히 살아야겠다는 생각이 들면서 다시 내 것에 집중하게 됐다. 타인과 비교하고 앉아있기에는 시간이 아까웠다. 질투에 쓸 에너지도 아까웠다. 타인의 재능과 강점은 비교 대상이 아닌 이해의 대상이 되었다. 노력의 이유가 변했다. 질투나 조급함으로 인한 것이 아닌, 나만의 이상에 가까워지기 위한 노력이다. 타인의 능력이나 성과에 개의치 않고 내가 하고 싶은 것에 몰두하니, 집중이 잘 되고 속이 시원하다.

강점은 마음에서 출발하기 때문에, 강점에 집중하면 마음의 소리에 가까워진다. 억지로 과장하거나 숨기지 않고, 꾸밈없이 있는 그대로의 나 자신에 한층 가까워진다. 그래서 자연스러워진다. 타인에 의해 좌지우지되지 않아, 흔들림이 없다. 사회적 분위기나 다른 누군가에게서 나온 답이 내 답으로 착각하지 않고, 내 마음의 소리에 충실히

귀 기울일 수 있다. 덕분에 선택의 갈림길에 섰을 때 만족감 있는 나만의 답을 찾아내기 수월해졌다. 단순하고 담백하게 나답다. 이제야 내 매력을 알아가고 있다.

남이 내 인생을 살아줄 수 없고, 나도 남의 인생을 살아줄 수 없다. 나는 단 하나뿐인 내 인생을 산다. 어떤 경우이든 자신에게 맞는 방법을 찾아 나름의 강점을 발견하고 개발해야 한다. 그 과정을 통해 나는 비로소 나다워진다.

강점을 찾아야 하는 이유는,
자연스럽고 흔들리지 않는 나다움의 완성에 있다.
부단히 노력해야 하는 이유이다.
강점을 찾는 사람에게 나다운 매력으로
신나고 멋있게 살 수 있는 기회가 있다.

자신에 관한 질문에 자신 있게 답할 수 있는가?

우근영

"당신의 강점은 무엇인가요?"

"당신의 취약점은 무엇인가요?"

즉시 답을 할 수 있을까? 나 역시 불과 1년 전만 하더라도 이 질문에 선뜻 대답할 수 없었다. 스물두 살에 직장생활을 시작해 20년 넘도록 사회생활을 하고 있는데도 말이다. 하루하루 열심히 주어진 몫을 해내며 달려가는 것이 일상이다. 이만하면 회사에서 적당한 위치에 오른 것 같고, 평범한 가정생활에 내 주변과 비교해도 다들 비슷하게 살아가는 모습이다. 하지만, 그 속에서 항상 풀리지 않는 답답함이 있다. 잘하고 있는 것이 맞는지, 원하는 모습으로 살아가고 있는지, 진짜로 원하는 것이 무엇인지 문득 떠오를 때마다 자신이 없어진다.

회사 생활에서 각양각색의 사람들을 만난다. 조직의 리더로서 가장 어려운 순간은 직원들의 퇴사 면담이다. 퇴사 사유를 물어보면 보통 세 가지이다. 첫째는 이직, 둘째는 휴식, 마지막으로는 적성이다.

이직과 휴식의 경우에는 응원과 지지면 충분하다.

세 번째 사유는 당사자의 마음을 읽는 것이 중요하다. 진짜 퇴사하고 싶지 않은 경우가 대부분이기 때문이다. 자신의 강점을 알지 못하고, 제대로 사용하지 못하고 있는 탓이다. 회사에서 시키는 일은 열심히 하지만, 자신의 목적을 찾지 못하였거나 하는 만큼 성과가 나오지 않아 인정받지 못한다고 느끼기 때문이다.

나에게 잘 맞는 일, 내가 좋아하는 일, 나의 강점 등. 우리는 이런 것에 대해 제대로 고민해본 적이 없다. SNS에 사용되는 템플릿처럼 남들이 설정해 놓은 틀에 맞춰 살아가고 있는 경우가 대부분이다. 학창 시절에서부터 지금까지 세상이 정해둔 기준에 맞춰 살아야 한다고 생각했다. 하지만, 성공한 사람들을 보면 어떤가? 정해진 틀을 깨고 모두 자신만의 강점을 극대화한 사람들이다. 자기 삶을 잘 꾸려가는 사람들은 또 어떤가? 좋아하는 일을 개발하고 확장한다.

나도 그렇게 살고 싶다고 생각하면서도 막상 행동에 옮기기가 어려운 것은 나 자신을 잘 모르기 때문이다. 성격 검사, 유형 검사, 적응 검사 등의 단어가 눈에 띄면 나도 모르게 클릭하게 된다. 그중 MBTI는 대중화되었다. 모두가 나 자신을 알고 싶은 마음으로 하게 되는 검사이다. 많은 유형 검사만으로는 정확하게 '나'라는 의미를 알기는 어렵다. '나'를 찾아가는 여정 속에서 재능을 발견하고, 여기에 자기만의 노하우와 경험이 쌓일 때 비로소 강점으로 키워갈 수 있다. 이렇게 진정한 '나'를 찾을 때 삶은 온전히 내 것이 될 수 있다.

이제 나는 자신 있게 대답할 수 있다. 내가 무엇을 잘하는지, 언제 나의 에너지가 가장 빛나는지, 그리고 어떤 것이 나의 강점인지.

지난 2년, 내가 잘하는 것과 원하는 것이 무엇인지 찾기 위해 밤잠 줄여가며 공부했다. 그렇게라도 하지 않으면 불안해서 견딜 수가 없었다. 50대에 접어드는 나이, 안정적인 직장에서 인정받는 위치에 있었지만, 승진만이 답이 아니라는 사실을 깨달았다. 안정감은 내가 회사라는 틀에 속해 있을 때만 가능하다는 사실 또한 알게 되었다. 그래서일까, 불안한 마음은 나를 더욱 몰아붙였고, 때마침 맞닥뜨린 팬데믹 상황은 세상에 뒤처져 살아남을 수 없을 것 같다는 공포를 안겨주기에 이르렀다. 앉아서 업무를 보는 중간에도 해야 할 일들을 생각하며 숨이 찰 정도로 바빴고, 여기저기 기웃거리며 다양한 공부를 시작했지만 정작 나에게 오는 성과는 없었다. 그 와중에 성과를 내며 자신만의 길을 찾아가는 사람들을 보니 계속 새로운 공부를 해야만 할 것 같은 조바심이 들었다.

그렇게 나를 계속 채찍질만 하고 있을 때 만나게 된 것이 바로 '퍼포먼스 코칭'과 '강점 코칭'이었다. 태니지먼트에서 실시하는 강점 검사를 통해 나 자신을 낱낱이 분석할 수 있었다. 결과지를 보는 순간 '바로 이거다!'라는 확신이 들었다. 내 인생을 위한 방향뿐만 아니라, 지난 2년간 나를 찾기 위한 공부를 하며 만나게 된 수많은 사람의 공통된 고민, 직장생활을 하며 만난 다양한 동료들과 팀원들의 문제 해결을 위한 방향을 알게 된 것 같았다. 속이 시원했다.

방향을 찾았으니 이제 실행해야 했다. 태니지먼트에서 실시하는

'디브리퍼 과정'과 '코치 양성 과정' 그리고 '엑셀러레이터 과정'까지 수료하고 '인증 코치'의 자격을 얻었다. 그리고 '퍼포먼스 코칭'을 통해 코치로서 나의 길을 명확하게 하고 지금은 거침없이 그 목표를 향해 나아가는 중이다.

강점을 찾는다는 것은 자신이 어떤 사람인가에 대한 질문에 답을 찾는 과정이다. '내가 누구인가'라는 질문에 대해 다양하게 생각하고 고민하는 시간을 가질 수 있다. 누구와도 같을 수 없는 나만의 도구를 갖게 된다는 점에서 자신감과 자존감을 키우게 되는 것이다. 강점을 찾는 과정에는 노력과 시간이 필요하다. 스스로 답을 찾아가는 과정이기에 코치의 도움도 필요하다.

자신만의 강점을 찾고,
스스로 삶의 방향과 존재 가치에 관한 질문을 던지고,
그 답을 찾아가는 과정을 통해
한층 성숙한 인생을 누리길 바라본다.

나를 믿고 날아오를 수 있는 힘

김재은

직장생활을 하다가 결혼해서 출산과 육아로 경력이 단절되었을 때 내 자존감은 바닥을 쳤다. 학생 때는 공부만 하고 직장인일 때는 회사만 다니면서 집안일은 거의 하지 않았다. 그런데 아이가 태어나자 육아와 살림이 한꺼번에 내 몫이 되었다. 처음 해보는 육아도 어려운데 살림은 더욱 서툴렀다. 아이는 사랑스럽고 일은 재미있었다. 하지만 하루하루 해야 할 일들을 쳐내는데 급급하며 십여 년을 살았다.

"엄마는 좀 모자란 사람이잖아. 맨날 실수해서 아빠한테 혼나잖아."

어느덧 사춘기에 접어든 아이가 말했다. 잔소리를 피하기 위한 말대답이란 걸 알지만 내심 충격이었다. '무슨 소리야, 엄마도 예전엔……' 하는 말이 목구멍까지 나왔다 들어갔다. 아이는 보이는 대로 말할 뿐이다. 발끈했던 마음이 금세 씁쓸해졌다.

"그래, 엄마가 살림은 좀 모자라지." 인정할 수밖에 없었다.

중년 이후의 삶은 그 자체로 위기다. 갑자기 세상도 낯설고 나도 다른 사람으로 변해버린 기분이 든다. 두 아이를 낳고 키우는 동안 풀타임은 아니어도 꾸준히 일은 해왔다. 언론사 기자에서 기업 홍보 매니저, 전략 커뮤니케이션 컨설턴트까지 나름대로 커리어를 이어왔다고 생각했다. 하지만 마흔 무렵 경력 단절을 겪으면서 내가 어떤 사람인지 점점 흐릿해졌다. 아이 말처럼 어딘가 모자란 사람 같기도 했다. 전 직장 선후배들을 만난 자리였다. "집에만 있기엔 선배가 너무 아까워요.", "재은이가 희생을 많이 했지." 같은 말을 들었다. 속으로 '내 자식 내가 키우는데 무슨 희생이야!' 생각했지만 돌아오는 전철 안에서 알 수 없는 눈물이 쏟아졌다. 난 어떤 사람이지? 잘하는 게 하나라도 있을까? 다시 내 이름을 걸고 일할 수 있을지 자신이 없었다.

마흔 즈음에 찾아온 정체성과 커리어의 위기는 나만의 문제가 아니었다. 경력이 단절된 사람뿐 아니라 계속 일을 하고 있는 사람들도 '나다운 일'을 찾기 위해 방황하고 있었다. 20년 가까이 한 회사에 다녔지만 길을 잃은 것 같다는 직장인, 뜻밖의 해고 통보를 받고 커리어를 강제 종료 당한 실직자, 열심히 한 우물을 파왔는데 뒤늦게 일이 적성에 맞는지 회의가 든다는 전문직 종사자, 가정과 아이를 돌보기 위해 경력이 단절된 주부…… 주변을 둘러보니 상황은 달라도 고민은 비슷했다.

하고 싶은 일, 잘할 수 있는 일, 나답게 살 수 있는 일을 찾기 위한 방법이 필요했다. 또래 여성들과 함께 '나라는 브랜드'를 만들고 '나다운 일'을 찾기 위한 피어코칭 모임 〈두 번째 도서관〉을 시작했다. 먼저 나만의 가치와 이야기를 설득력 있게 설명할 수 있어야 했다. 전 회사에서 리더를 대상으로 정체성에 기반을 둔 이미지와 평판관리 컨설팅을 진행했던 노하우를 적극 활용했다. 워크숍과 강의, 독서와 글쓰기를 통해 참가자들은 인생의 장면들을 돌아보면서 자신에게 중요한 가치들을 깨달을 수 있었다. 커리어의 성공과 실패 패턴을 분석하고 자신만의 강점과 핵심 역량을 자각할 수 있었다. 그 결과 스스로 원하는 인생의 다음 단계를 그려볼 수 있게 되었다. 인생의 나침반을 '나'로 두고 나아갈 방향과 길을 찾기 위해 꼭 필요한 시간이었다.

일 년 간의 모임 이후 참가자들의 삶에 크고 작은 변화가 일어났다. 각자 자신의 강점에 집중해서 일과 삶의 전환점을 만들어 내는 모습을 보면서 뿌듯했고 보람을 느꼈다. 사람들이 핵심 역량을 인정받으며 일할 수 있도록 돕는 게 좋았다. 있는 그대로 자신을 믿고 사랑할 수 있게 되는 과정을 함께할 수 있어서 행복했다. 그제야 깨달았다. 사람들이 자신의 강점을 긍정적으로 활용해서 성장할 수 있도록 돕는 게 내가 잘하는 일이자 하고 싶은 일이라는 것을.

사십대 중반이 된 지금은 커뮤니케이션 전문 인재 연결 회사에서 새로운 일과 삶을 꿈꾸는 사람들의 커리어 전환을 돕고 있다. 적임자를 찾는 기업과 강점을 발휘할 수 있는 일을 찾는 개인을 연결하는 일은 어렵지만 보람도 크다. 기업과 개인 고객에게 더욱 전문적인 도움을 주고 싶어서 태니지먼트 강점 코치 교육을 받았다. 그런데 강점 진단 결과를 확인하고 깜짝 놀랐다. 나의 핵심 강점은 다른 사람의 성장을 돕고, 외부의 자원이나 사람을 연결해서 업무에 시너지를 내는 '동기부여'와 '외교'였다. 욕구와 연결된 상위 6가지 재능인 '양성', '친밀', '사교', '행동', '몰입', '창의'가 조합된 진단 결과였다. 돌고 돌아서 지금 하는 일이 나의 재능과 강점을 고스란히 발휘하는 일이란 사실이 새삼 놀랍고도 감사했다.

사회생활을 처음 시작했을 무렵에는 주변 사람들과 좋은 것을 함께 나누고 싶은 내 행동이 오해를 받은 적도 있었다. 같은 부서의 한 선배에게 필요할 것 같은 작은 선물을 한 적이 있었다. 아무 날도 아니었지만 그저 선배가 잘 쓰면 기쁠 것 같았다. 그런데 뜻밖의 말을 들었다. "너 딸랑이야?" 선배에게 잘 보이려고 '종'처럼 딸랑거리며 아부를 하냐는 뜻이었다. 예상하지 못한 반응에 무안하고 당황했었다. 그 뒤로 나도 모르게 마음이 쓰여서 하는 말이나 행동도 상대방에게는 다른 의도로 느껴질 수 있다는 것을 알고 조심하게 되었다. 일부러 다른 사람에게 관심을 두지 않으려고 노력하면서 '내 일이나 잘 하자'란 생각도 종종 했었다. 그런데 다른 사람의 성장을 돕고 싶고, 함께 잘 되기를 바라는 자연스러운 내 모습은 기업이나 조직이 성과를 내기 위해서 꼭 필요한 역할이었다. 존재 자체로 가치 있는 사람이었다. 그 사실을 깨닫자 몸속 깊은 곳에서 용기와 자신감이 샘물처럼 퐁퐁 솟아났다.

매일 출퇴근 하면서 가족까지 챙겨야 하는 워킹맘의 일상이 쉽지는 않다. 하지만 나에게 꼭 맞는 일을 시작한 뒤 표정과 목소리에 더욱 생기가 돈다는 말을 듣는다. 멋진 동료들과 함께 일을 하면서 서로 배우고 성장할 수 있어서 즐겁다. 자존감도 높아졌다. 나다운 일을 찾는 사람과 적임자를 찾는 기업을 연결하는 업무는 보람 있었다. 아이디어를 실제 공간과 프로그램으로 만드는 일은 짜릿했다. 어느덧 회사에 꼭 필요한 사람이 된 것 같아서 뿌듯했다. 얼마 전 딸이 말했다.

"엄마는 열정적이야. 마흔이 넘었는데 사회초년생 같아."

강점을 발견한 뒤 있는 그대로 나를 믿고 나아갈 수 있는 용기를 얻게 되었다. 나는 부족하거나 모자란 사람이 아니었다. 잘하는 일이 따로 있을 뿐이었다. 단점처럼 보이는 모습조차 사실은 강점에서 비롯된 것이었다. 이제는 어려운 일이 닥쳐도 쉽게 포기하지 않는다. 대신 내가 가진 강점으로 어떻게 돌파해 나갈지 생각한다. 강점을 찾는 일은 나 자신을 온전히 받아들이는 과정이었다. 완벽하거나 실패하지 않을 것이란 오만이 아니다. 넘어져도 내 방식대로 다시 일어날 수 있다는 믿음이다. 그런 믿음이 내 안에 튼튼한 뿌리를 내리자 세상과 다른 사람들의 말에 쉽게 흔들리지 않게 되었다.

성공은 자신을 믿는 것에서 시작된다.

나는 강점을 발견하고 자기신뢰라는 날개를 얻었다.

이제, 날아오를 수 있다.

나 사용설명서, 강점

이재욱

세상에는 두 분류의 사람이 있다. 자신의 강점을 아는 사람과 모르는 사람이다. 극단적인 분류일 수 있지만 단순화해보면 그렇다. 자신의 강점을 아는 사람은 '나 사용설명서'를 가지고 있는 사람이다. '나 사용설명서'를 가지고 있는 사람은 더 행복하고 탁월한 삶을 살 가능성이 크다.

대한민국 대표 밥솥 하면 떠오르는 게 '쿠쿠' 밥솥이다. '2021 국가 브랜드 경쟁력지수'에서 쿠쿠전자가 전기밥솥 부문 14년 연속 1위를 수상했다. 브랜드 인지도와 시장점유율에서 부동의 1위인 것이다. 쿠쿠 밥솥으로 밥을 지으면 맛있다. 일반냄비에 하는 밥은 찰지지 않고, 푸석한 느낌이 있다. 하지만 압력밥솥으로 밥을 하면 찰지고, 윤기가 나는 밥을 지을 수 있다. 이러한 압력밥솥도 사용법을 제대로 알지 못하고, 물을 너무 적게 넣으면 밥이 설익거나 너무 꼬들꼬들한 된

밥이 된다. 반대로 물을 너무 많이 넣으면 진밥 또는 죽밥이 되기도 한다. 맛있는 밥 짓기를 위해서는 사용설명서의 취사 방법대로 밥을 지으면 된다. 또한, 사용설명서의 다양한 기능들을 숙지하면 편리하고 유용하게 밥솥을 사용할 수 있다.

첫 번째로 밥솥의 가장 중요한 목적인 밥 짓기 기능이다. 어렸을 적 나는 어머니에게 밥 짓기를 배웠다. 우선 밥솥에 적절한 쌀을 넣고 3~4번 잘 씻어 주어야 한다. 그리고 마지막 헹굼 물을 잘 따라 버린 뒤, 밥이 물에 잠기도록 적당히 물을 채워 넣어야 한다. 손으로 쌀의 윗부분을 지그시 누르면서 손등 중간쯤에 물을 맞추면 된다. 어머니는 수만 번 가족을 위해 밥을 안치셨기 때문에, 쉽게 하시는 일이지만 나에게는 이 물 맞추는 일이 어려웠다. 여러 번의 죽밥과 된밥을 만들며 물의 양을 대략 익히긴 했지만, 이 '적당히'가 나에게는 어려운 일이었다. 하지만 지금은 어렵지 않게 밥을 안칠 수 있다. 밥솥 설명서대로 계량컵을 사용하기 때문이다. 어렴풋이 경험으로 밥을 지으면 쌀과 물의 양이 일정치 않다. 하지만, 계량컵과 밥솥 안 눈금을 이용하면 큰 노력 없이 맛있는 밥을 지을 수 있다. '맞춤 밥맛' 기능을 통해 누룽지가 있는 밥 짓기도 가능하다. 나는 이 누룽지가 있는 밥을 좋아하는데, 구수한 밥맛을 즐길 수 있고 따뜻한 물을 부어 숭늉도 만들어 먹을 수 있기 때문이다.

두 번째로 유용한 기능 중 하나가 예약기능이다. 밥솥에 오래 보관된 밥은 맛이 없다. 뚜껑 고무 패킹이 좋지 않으면 밥이 말라버리기도 한다. 너무 딱딱하면 먹지도 못하고 버려야 한다. 밥은 끼니만큼 해서 바로 먹는 게 좋다. 밥맛도 좋고 보관을 오래 하지 않아도 돼서 전기세도 아낄 수 있다. 예약기능은 어머니께서 잘 사용하시던 기능이다. 한평생 맞벌이 부부로 일을 나가셨지만, 아침밥은 늘 차려 주셨던 어머니이셨다. 아침마다 일어나 밥을 하기에는 어머니도 고되셨을 터. 어머니는 밤에 미리 쌀을 씻어서 밥솥에 안치시고 예약 버튼을 눌러두셨다. 그렇게 하면 아침 일찍 일어나지 않아도 예약 시간에 맞춰 밥을 지을 수 있었다. 편리하고 고마운 기능이다. 현재 나와 아내도 예약기능을 잘 사용 중이다. 맞벌이 부부인 우리도 아침이나 저녁밥을 예약해두고 갓 지은 밥을 먹는다.

한편, 우리 밥솥의 예약기능 중 단점이 하나 있다. 오전 오후를 한번에 바꾸는 기능이 없다는 것이다. 오전 6시에 밥을 예약해서 다 먹고 난 뒤, 다음번 예약 버튼을 누르면 이전에 설정되어 있던 시간이 표시된다. 만약 오후 6시에 예약하고 싶다고 하면 오전, 오후 변경 버튼을 한번 눌러주면 좋겠는데, 그 기능이 없다. 버튼을 꾹 눌러 12시간이 지나야만 내가 원하는 오후 6시 예약을 맞출 수 있다. 설명서와 인터넷을 찾아보아도 해당 기능을 찾지 못했다. 불편하긴 하지만, 안 되는 기능임을 인지하고 나서는 그러려니 하며 시간을 변경해서 예약기능을 사용 중이다.

마지막으로 설명서를 통해 알게 된 여러 부가 기능이 있다. 대기전력 차단 스위치가 그중 하나다. 가전제품의 경우 동작하지 않는 상태라 할지라도 전원 코드를 뽑지 않으면 약간의 전력이 소모된다. 이를 대기전력이라고 한다. 절전 기능이 있어서 이 대기전력을 최소화해주기는 하지만 완벽히 차단되지 않는다. 전원 코드를 뽑아 놓은 효과와 같은 기능을 하는 것이 바로 대기전력 차단 스위치다. 대개는 전원 코드가 밥솥 안쪽 깊숙이 있는 경우가 많고, 코드를 일일이 뺐다 꽂았다 하는 건 여간 귀찮은 일이 아니다. 이를 간단한 스위치가 대신해 주는 것이다. 이 스위치는 밥솥 밑부분에 있어서, 설명서를 보기 전에는 스위치가 있는지도 몰랐다. 밥솥을 사용하지 않을 때는 이 스위치를 꺼두어 조금이나마 에너지를 절약 중이다.

다음으로 청소 시 주의해야 하는 뚜껑과 물받이가 있다. 뚜껑 세척의 경우는 위생과 관련하여 중요한 부분인데도 놓쳤던 부분이다. 예전에 사용하던 밥솥의 경우 일체형 뚜껑이라 청소가 쉽지 않았다. 오래 사용하다 보니 뚜껑에 하얀 가루가 생겼고 닦아도 지워지지 않았다. 알아보니 뚜껑의 부식이었다. 즉 녹이 생긴 것이다. 간헐적으로 뚜껑을 씻어 주지 않으면 필연적으로 뚜껑 내부가 부식된다고 한다. 신경 써서 청소를 해주어야 하는 이유다. 현재 사용 중인 밥솥은 원터치 분리형 뚜껑이다. 버튼 한 번 누르면 내부 뚜껑이 분리된다. 간간이 분리하여 손쉽게 씻어 주고 있다. 취사 후 잊지 말아야 할 또 하나가 물받이 물을 버리는 것이다. 물받이에 밥물이 오래 고여 있으면 악취 및 곰팡이가 발생할 수 있기 때문이다. 물받이 또한 간간이 씻어 주면 좋다.

밥솥 사용설명서를 통해서 맛있는 밥 짓기 방법, 누룽지 생성 기능, 예약기능 사용법을 알았다. 예약기능 중 오전/오후를 바로 변경할 수 없음도 확인했다. 추가로 이 밥솥의 특별한 장점인 대기전력 차단 스위치와 원터치 분리형 뚜껑도 알 수 있었다. 이외에도 야간 음성 볼륨 조절 기능, 어린이 접촉 방지를 위한 버튼 잠금 기능, 죽이나 찜 등의 요리 기능 등도 사용설명서 안에 담겨 있다. 설명서를 잘 숙지해 두면 그렇지 못한 사람에 비해 다양한 기능을 유용하고 편리하게 사용할 수 있다.

강점을 통해 나를 발견하고 이해하게 되면 조금 더 행복하고 탁월한 삶을 살게 될 가능성이 커진다. 사용설명서를 통해 밥솥을 능숙하고 효율적으로 다룰 수 있듯이, '나 사용설명서'가 있다면 한결 보람 있고 의미 있는 삶을 누릴 수 있을 거라 확신한다. 자신의 강점을 찾는 과정은 '나 사용설명서'를 장착하는 길이다. 누구에게나 강점이 있다. 자신의 안에 잠든 강점을 찾아 앞으로의 삶에 지침서를 마련하는 것이 우리가 해야 할 일이다. '나 사용설명서' 덕분에 내 삶이 편안해진다.

천재적 자질보다 '나 사용설명서'를 장착하는 것이
행복하고 탁월한 삶으로 가는 가장 빠른 방법이다.

chapter 2

강점 코칭의 시작

인생에는 나도 몰랐던 바람직한 내 모습을
알아봐 주는 사람을 통해 자신이 누구인지 깨닫는 순간이 있다.
그 순간을 생각하면 언제나 뭉클하다.
그런 순간들이 아니었다면 지금의 나는 없었을 것이다.

강점, 내 안에 있다

신경화

"제게 강점이라는 게 있을까요? 강점이 없는 것 같아요."

코칭하기 전 가장 궁금한 것이 무엇인지 물을 때 "내가 좋아하는 것이 뭔지, 내가 잘하는 게 뭔지 모르겠다."는 답변과 함께 나오는 이야기이다.

누구나 강점이 있다. 본인이 알지 못할 뿐이다. 강점을 알기 어려운 이유는 크게 두 가지가 있다. 첫째, 나에게 너무 자연스러운 일이기 때문이다. 2가지 예가 있다. 하나는 예전 방과 후 학교 일을 할 때 어느 강사 선생님 이야기다. 실적 상위 5% 선생님들의 방과 후 학교 운영 노하우를 취합한 적이 있었다. 일반 강사들의 역량 강화를 위해 취합한 내용을 강사교육에 참조하기 위해서였다. 취지를 알리고 인터뷰를 요청했다. 매 모집 때마다 학생 수가 가득한 노하우를 여쭈었다. 그랬더니 "저는 노하우가 없어요. 그냥 하던 대로 하는 건데……"라고 했다. 일부러 숨기려고 하는 말씀이 아니었다. 이번엔 질문을 드렸다. "모집할 때 홍보는 어떻게 하세요?, 부모님 상담은 어떻게 하세요?, 수업준비는 어떻게 하세요?, 수업에 집중 못하는 아이가 있다면 어떻게 교육하세요?" 등. 그에 대한 답이 놀랄 만한 내용이었다. "와! 선생님 대단하시네요. 이게 다 노하우예요."라고 말씀드렸더니 "이게 노하우라구요? 다 이렇게 하는 거 아니에요?"라며 오히려 의아해했다.

또 하나는 비즈니스 교육 과정에서 만난 독특한 20대 여성 교육생 이야기다. 평소 사고가 남다르다고 생각했던 분이다. 교육은 특정 장소에 가서 하루 동안 자기가 보고 느낀 점을 PPT로 발표하는 것이었다. 발표할 때 아니나 다를까, '우리와 같은 것을 보고도 어떻게 저런 생각을 했지?'라는 생각이 들 정도로 다른 시각의 느낌을 이야기했다. 끝난 후 칭찬과 함께 "생각이 참 독특하세요. 어떻게 그런 생각을 했어요?" 라고 묻자 "네? 제 생각이 독특해요? 다르다는 생각해본 적 없는데……"라고 했다. 그냥 생각난 대로 이야기한 것이었다. '남들과 다른 생각을 해야지!' 하고 애써 다른 생각을 찾아낸 것이 아니었다. 우리는 보통 내가 하는 행동은 남들도 그렇게 한다고 생각한다. 남들도 똑같이 하는 일이니 재능으로 여기지 않는다. 그러나 나에게 자연스럽게 나오는 그것이 바로 귀한 재능이다.

강점을 모르는 두 번째 이유는, 강점에 집중해본 적이 없기 때문이다. 우리나라는 안타깝게도 평균점수로 성적을 매기는 평가 제도를 가지고 있다. 만약 어떤 학생이 미술 100점을 맞고 수학 80점, 영어 40점을 맞는다면 미술에 탁월한 재능이 있는 학생이다. 그러나 미술

점수만으로 원하는 대학을 갈 수 없다. 평균점수로 보면 67점이다. 높은 성적이 아니다. 평균점수를 높이기 위해서는 점수가 낮은 영어 과목에 집중해서 보완해야 한다. 약점이 있으면 높은 평가를 받지 못하니 약점을 보완하는 것이 성공을 위한 방법이라는 인식이 생긴다. 이후 사회 생활에서도 같은 생각으로 이어질 확률이 높다. 약점에 집중하다 보니 항상 못하는 사람이라는 인식이 많다. 강점이 더 중요하다는 것을 모르니 생각해본 적이 없다. 강점을 모르거나 있는지 모르겠다고 생각하는 것이 어쩌면 당연하다.

강점을 찾기 위해 가장 먼저 할 일은 '나에 대해 깊이 생각해보는 것'이다. 나를 아는 것이 무엇보다 중요하다. "너 자신을 알라."라고 했던 소크라테스의 말이 아주 중요한 말이다. 퇴사 후 생각할 시간이 많았다. 생각할 시간을 가지며 자신에 대해 너무 몰랐다는 것을 알고 놀랐다. 강아지와의 산책 시간을 '생각 시간'으로 정했다. 이전엔 이어폰을 끼고 좋아하는 음악을 듣거나 강의를 들었다. 이어폰을 빼고 온전히 생각에 집중했다. 처음에는 뭘 생각해야 할지 몰랐다. 욕심내지 않고 하루 한 가지의 질문에 답을 찾는 정도만 했다. 익숙해지자 집중하는 시간이 길어졌다. 생각에 생각이 꼬리를 물고 무아지경이 되어 궁금하거나 답답했던 문제들에 대한 해답이 찾아지는 신기한 경험을 했다. 그러다 보니 생각 시간이 즐거웠다. 생각하기 위해 일부러 산책을 나가기도 했다.

생각은 다방면으로 했다. 내가 좋아하는 것이 뭐지? 내가 잘하는 것이 뭐지? 그동안 했던 일 중 성공 경험, 지인들이 보는 나의 강점,

강점은 부모님께 받은 것이니 부모님의 강점, 특별히 예민하게 받아들이는 부분, 왜 그런 감정이 드는지, 어떤 일을 할 때 내가 강해진다고 느끼는지 등이었다. 생각을 구체적으로 해보았다.

예를 들어 독서모임을 좋아했다면 그것으로 끝이 아니다. 독서모임에서 좋았던 부분은 무엇이지? 사람들이 변하고 성장하는 모습을 보는 것. 독서모임 다른 회원에게 물어보니 발표하는 시간이 좋다고 한다. 발견한 나의 모습은 흘려버리지 않고 적었다. 한쪽 벽에 전지를 붙이고 생각날 때마다 포스트잇에 쓴 후 붙여놓았다. 그 작업을 1주일 정도 했다. 수십 개의 생각 조각들이 붙어 있으니 분류가 되었다.

'아~ 나는 사람들을 성장하게 만드는 일을 좋아하는구나. 행사를 기획하고 진행하는 일을 잘하는구나.' 등으로.

인식으로는 미처 알지 못하는 강점을 찾기 위해 진단검사를 하는 방법도 있다. 강점 진단 검사로 유명한 것이 2개가 있다. 우선 가장 오래되고 공신력 있는 갤럽의 진단지가 있다. '위대한 나의 발견, 강점혁명 STRENGTHS FINDER 2.0'이라는 책을 사면 진단 검사를 할 수 있는 코드가 들어있다. 또는 갤럽 홈페이지에 강점 진단 과정이 있다. 우리나라에서 유명한 강점 진단으로 '태니지먼트'가 있다. "모든 사람은 자신만의 특별함을 가지고 있고 누구나 '나다운' 탁월한 삶을 살 수 있다고 믿습니다."라는 슬로건을 내세우는 곳으로 특히 비즈니스에 필요한 재능과 강점을 찾아주고 개발하기 위해 만든 진단 도구이다. 검사 후 결과 리포트를 다운받아 볼 수 있다.

강점은 내 안에서 찾아야 한다. 진단지는 참고자료일 뿐 더 정확한 것은 바로 느낌이다. 느낌을 알려줄 사람은 오직 나뿐이다. 일을 잘하느냐 못하느냐로 판단하지 않는다. 어떤 일을 할 때 기가 빠지는 일은 오래 할 수 없고 성공할 수 없다.

준비과정에서 하고 싶은 의욕이 솟는 일,
일하는 동안 시간이 어떻게 지나가는지 모르게 몰입하는 일,
끝나고 나면 지치기보다 기쁨으로 충만해지는 일,
강해지는 느낌이 드는 일이 바로 강점이다.

강점 개발, 이 또한 나의 강점으로 접근하면 된다

서성미

자기계발서와 같은 실용서를 읽으면 저자가 추천하는 성공 원리와 원칙, 노하우를 머리로 이해하고 가슴으로 공감하게 되는 순간이 많습니다. 하지만 나의 문제와 도전과제에 적용하면 막상 실행에 옮겨지지 않거나 한두 번 하더라도 지속하기 힘든 경우가 많았습니다. '왜 나는 잘 안 될까?' 의문이 생길 때가 종종 있었습니다. 저뿐만 아니라 수강생으로 만나는 분들 역시 같은 고민을 하는 터라 답을 찾고 싶었습니다. 답답했던 부분은 강점을 공부하면서 실마리를 찾았다는 생각이 들었습니다. 도전과제와 문제 상황에서 약점을 보완하기 위한 노력으로 접근하는 것보다 강점을 활용하고 투자하는 방향으로 접근 하는 것이 더 좋은 방법일 수 있겠다는 성찰 때문입니다.

세상의 모든 꽃이 단색, 단일 모양이라면 얼마나 단조롭고 심심할까요? 이런 기본 중의 기본을 성공 법칙에서는 공식처럼 똑 떨어지는 방법이 있을 거라 생각하고 맞춰진 틀에 저를 끼워 넣어보려 했던 것입니다. 갤럽 강점 진단 도구를 개발한 도날드 클리프턴은 본인의 자녀가 어린 시절 주의력 결핍 장애를 겼었을 때 "너의 약점은 절대로 고쳐지지 않을 것이다. 하지만 너의 강점은 무한히 개발될 수 있다."는 말을 해주었고 아들 짐 클리프턴은 자신이 가장 잘 할 수 있고 좋아하는 일로 꿈을 바꾸게 되었다고 합니다. 그는 사람들의 마음을 움직이고 설득하는 '마케팅'에 비전을 품고 지금은 아버지 뒤를 이어 세계적인 여론조사 기관인 갤럽의 회장을 역임하고 있습니다.

뭘 잘할 수 있고 뭘 좋아하는지 알 수 있다면 여러분들은 알게 된 이 정보를 가지고 어떻게 활용하고 싶으신가요? 궁금한 이 부분은 강점 진단 도구를 통해서 알 수도 있고 스스로 강점의 힌트를 통해 찾아볼 수 있습니다. 강점 진단 도구 역시 질문지에 있는 강점요소를 스스로 선택하도록 설계되어 있습니다. 내가 선택한 인풋 정보를 토대로 강점 아웃풋 결과를 보여주는 것입니다. 평소 내가 자연스럽게 생각하고 느끼고 행동했던 강점의 단초를 같이 찾아보도록 하겠습니다. 5가지 접근법으로 강점의 힌트를 얻을 수 있습니다.

시간 가는 줄 모르고 빠져들었던 일

관심이 가고 끌리는 일

빠른 학습과 순간적인 기량이 높았던 일

순수하게 했던 일로 칭찬 받았던 경험

답답함을 느끼고 더 심할 땐 분노까지 느껴지는 일

과거나 최근에 있었던 일을 떠올렸을 때 '어머! 벌써 시간이 이렇게 지났어?'라고 느꼈던 적이 있으셨나요? 그때 했던 일도 나의 강점이 활용된 순간일 수 있습니다. 또 요즘 관심이 가는 콘텐츠나 특정 분야의 일, 배우고 싶은 것이 있다면 그것도 나의 강점이 자석처럼 부르고 있는 것일 수 있습니다. 몰입을 넘어 빠른 학습도 가능했고 순간적인 기량이 높아 내가 해 놓고도 믿지 못했던 일들이 떠오른다면 이것도 강점의 힌트가 될 수 있습니다. 반면 내가 답답함을 느꼈던 상황이나 일도 나의 강점 때문에 원하는 모습과 차이를 느끼기에 올라오는 불편한 감정일 수 있습니다.

저의 경우 긍정 테마가 있지만 긍정적인 분위기일 때 더 잘 발현될 수 있으며 부정적인 이야기가 오가는 회의시간이나 뒷담화 수다타임에 답답함을 많이 느끼는 편입니다. 연결성이라는 강점은 하나로 묶여 있고 서로 상호영향을 끼치고 있다 생각하는 강점입니다. 함께하는 커뮤니티에서 조금의 희생도 없이 각자 도생, 실속 챙기는 모습을 보면 열심히 하고자 하는 의욕이 떨어지는 편입니다. 진단검사를 하지 않고도 강점의 힌트를 통해 강점을 알 수도 있습니다.

손쉬운 방법은 진단도구를 통해 강점을 파악하는 방법입니다. 강점 검사를 할 수 있는 방법으로 미국 갤럽 강점 검사(스트렝스 파인더)를 통해 34가지 강점 테마 중 상위 Top5만 알아볼 수도 있고 34개의 순서를 모두 확인하는 방법이 있습니다. 강점 심층이해가이드라는 리포트가 진단결과의 핵심입니다. 강점이 있지만 자기인식과 의도된 투자가 없어 원석인 상태로 있던 강점을 강화시켜 나갈 수 있는 가이드

리포트입니다. '태니지먼트'라는 강점 진단도구는 욕구에 기반한 재능, 조직에서 강점으로 발현될 수 있는 역할모델, 비즈니스 상황에서 긍정적으로 강점을 잘 활용하기 위한 태도와 커리어베이스 캠프와 커리어 개발 모델까지 안내를 해줘서 강점과 커리어까지 풍성하게 연결지어 생각해 볼 수 있습니다.

강점 진단 결과 리포트를 통해 혼자서 파악하고 이해할 수 있지만 트레이닝 받은 강점 인증코치와 함께 강점에 대한 브리핑을 받아보거나 코칭을 받아보면 강점 개발 및 활용 방안까지 입체적이고 풍성하게 알 수 있습니다. 강점 개발 목표를 세우고 학습과 의도된 훈련을 이어갈 때도 강점을 활용한다면 성공 확률이 높아집니다. 약점을 관리하고 강점을 강화하는 것 모두 강점을 이용해서 한다는 전략입니다.

충분하고 넉넉한 강점이 없음을 탓할 것이 아니라
갖고 있는 강점을 충분히 활용하는 지혜가 필요합니다.

그때 내가 내 재능에 대해 제대로 이해하지 못했더라면……

조선정

2017년 봄, 10년 가까이 몸을 담았던 직장을 떠나, 야심차게 커리어 확장을 꿈꾸며 새로운 조직으로 옮겨갔다. 낯선 공간에서 새로운 사람들과 만난다는 기대감과 두려움, 잘하고 싶다는 욕망, 잘해야 한다는 부담감이 적절하게 버무려져 나의 업무 에너지 레벨은 한없이 높아져 있었다. 새롭게 호텔을 오픈해 본 사람들은 동의하겠지만, 정말 영혼과 육체를 다 갈아 넣을 만큼 높은 업무 강도를 요구했다. 그러나 매일매일 하나씩 무언가를 만들어내고 채우는 꽤 보람되고 뿌듯한 경험이었다. 그러나 안타깝게도 조직의 리더가 생각하는 핵심 가치와 우선순위가 나의 그것과 달라 6개월 만에 퇴사하게 되었다. 사실 고민할 여지없이 순간적인 결정이었지만, 그래서 감당해야 할 어려움들이 있었지만, 돌이켜 생각해 보았을 때 나는 그날의 내 판단을 여전히 지지한다.

금요일에 퇴사해서 그런지 퇴사에 대한 자각 없이 그냥 여느 때와 같은 주말을 보내고, 드디어 회사를 가지 않아도 되는, 그리고 갈 수도 없는 첫 월요일이 되었다. 그간 출근하지 않는 삶에 대한 로망을 만끽할 수 있는 절호의 찬스였다. 그래서 아침에 일찍 일어나지 않아도 된다는 자유로움을 온전히 느끼며 늦은 아침이자 이른 점심 식사 후 외출하기로 결심했다.

어디 소속이 아닌 자연인으로서 홀로서기에 기죽지 않기 위해 옷도 차려입고 화장도 한 후, 평소에는 잘 사용하지 않던 외출용 핸드백까지 둘러매고 우선 집 밖으로 나갔다. 지금 생각해 보면 조금 촌스러운 발상이었던 것 같은데, 우선 '시내 번화가로 나가 영화 〈프리티 우먼〉의 줄리아 로버츠처럼 거리를 활보하며 쇼핑을 하리라!' 다짐했던 것 같다. 참고로 나는 평소 쇼핑을 전혀 즐기지 않는다. 아무래도 갑작스러운 퇴사는 내 일생일대의 일탈이었기 때문에 그 기세를 몰아 쇼핑이라는 내게 익숙하지 않은 행동으로 나의 일탈을 연장하고 싶었던 것 같다.

집에서 나와 명동행 버스를 타기 위해 정류장에 가려면 큰길을 하나 건너야 했다. 신호등이 바뀌기를 기다리며 하늘을 바라보았는데, 그림처럼 구름 한 점 없는 새파란 여름 하늘이었다. '와! 정말 놀기 좋은 날씨네!'라는 말이 자연스럽게 흘러나왔다. 그런데 1분도 지나지 않아 신호등이 바뀌고 횡단보도를 건너는데 다른 생각이 떠오르기 시작했다.

'명동 가서 뭐 하지? 나 살 것도 없는데……. 차라리 날도 좋은데 여의도를 갈까? 한강공원에 놀러 갈까? 한강에선 또 뭘 하지? 할 게 없는데……. 뭐하지? 죽을까? 회사에서처럼 꼭 해야 하는 일도 없고, 이제 자유롭게 죽어도 되는 거 아닌가? 그래, 죽어야겠다.'

복잡했지만 결국 명쾌한 이 생각은 횡단보도를 건너는 몇 초 동안에 내 머리와 가슴에서 너무나도 자연스럽게 일어났다.

'어디서 어떻게 죽지? 남한테 피해주기는 싫은데……. 죽기 전에 혹시 꼭 해야 하는데 끝내지 못한 일은 없던가? 에이, 회사도 안 가는데 무슨 할 일이 있겠어? 죽어도 되겠다.'

이렇게 내 결심은 순식간에 굳건해졌다.

'아, 잠깐, 내가 죽으면 엄마가 슬퍼할 텐데……. 그럼, 엄마도 죽고 싶어지지 않을까? 엄마가 죽으면 아빠도 죽고 싶어질까? 아, 내가 가족 연쇄 자살 사건의 시초가 되는 건가? 그러기는 싫은데……. 내가 왜 이런 생각을 하는 거지? 죽고 싶다는 건 건강한 사람들의 생각이 아닌데……. 난 건강한 사람인데……. 에이, 죽는 건 아니다!'

버스를 타러 가는 단 몇 분 사이에, 사람 목숨이 무슨 휴지 쪼가리라도 되는 듯이 한없이 하찮게 죽였다 살렸다 하고 있던 것이다.

어쨌든 나는 명동에 도착했고, 자신에게 여유로워 보이기 위해 카페에서 차를 마시며 종전에 일어났던 그 엄청난 생각의 소용돌이를 돌이켜 보았다. 나는 왜 죽기를 결심했을까? 그 이유는 바로 '할 게 없다.'라는 것이었다. 내 생각의 기준에서, 회사에 가지 않으면 생산적인 일을 하지 않는 것이고, 달성해야 하는 목표도 더 이상 없는 것이었다. 그러면서 자연스럽게 나라는 인간의 효용성이 더 이상 느껴지지 않게 되었고, 쓸데없다면 존재하지 않는 게 낫다는 결론이 난 것이었다.

무슨 공장 설비도 아닌데, 일하지 않으면 쓸모없는 사람이라고 생각한 것이다. 순간, 3년 전 한 워크숍에서 했던 나의 강점 진단 결과가 떠올랐다. 진단으로 알아본 나의 상위 재능 테마에는 행동, 성취, 최상화, 존재감, 체계 등이 있었다. 누가 보아도 직장에서 성과 창출하는 데에는 더 없이 유리해 보이는 재능 테마들이었다. 업무 스타일 때문에 붙여진 '폭주 기관차'라는 별명이 말해 주듯이, 이 재능들을 조직 생활에서 십분 활용하며 성과를 냈고, 감사하게도 회사에서는 그런 점을 인정해주었다. 즉, 나는 조직에 쓸모 있는 사람이었고 그것이 내 존재 이유였다.

'그래, 처한 상황이나 환경에 따라 재능은 때로는 긍정적으로도 또는 지금처럼 부정적으로도 발현될 수 있는 거구나.'라는 깨달음을 얻게 되었다. 재능과 강점에 대해 심도 있게 알지는 못했지만, 그것의 부정적 발현을 인지한 첫 순간이었다. 재능과 강점은 무조건 좋은 것처럼 생각될 수 있지만, 사실 그것의 잘못된 발현이 나와 내 주변 사람들을 힘들게 할 수 있다는 것을 알게 되자, 이것을 어떻게 하면 긍정적으로 발현시킬 수 있을지 궁금해졌다. 자신의 재능과 강점을 제대로 이해하고 긍정적으로 발현되었던 성공 사례를 복기하며 그 행동이 지속 강화될 수 있도록 나 자신을 수련해야 한다. 그리고 이 과정에는 나를 믿고 가이드해 줄 파트너가 필요하다. 이것이 강점 코치의 역할이다.

재능의 부정적 발현을 인지해서

나를 살릴 수 있었듯이, 자신의 재능을 바로 알고

긍정적으로 발현시키기 위해

도움이 필요한 다른 사람을 위해 강점 코치로서

역할을 다하고 싶다.

나다움을 찾는 삶의 루틴을 갖는다

박진희

아버지가 최근 기억이 잠깐씩 소거되는 증상을 보였다. 검사 결과 큰 문제는 없었지만, 초반에는 아버지도 치매라 생각하셨는지 식사량도 많이 줄고, 방에서 잘 나오지 않으셨다. 병원 가는 길에 '기억을 잃어버린 나는 누구일까?'라는 생각이 들었다. 기억이 지워진다는 건 지금까지 살아온 시간에서 나와 연결된 모든 것들이 끊어져 버리는 것이다. 오직 주변 사람의 기억 속에서 평가받는 나만이 존재할 뿐이다. 존재하지만 더는 내 안에 존재하지 않는 나. 기억 소거는 자신을 지워버리는 일이기에 너무 잔인하다.

무엇을 기억해야 내 안의 존재를 지킬 수 있을까? 가장 잃어버리고 싶지 않은 모습은 무엇이고, 지금까지 인정받고 잘해왔던 일 중에 잃고 싶지 않은 능력은 무엇인가? 치열하게 찾아내어 존재감을 만들어 낸 기억을 꺼내 봤다.

5년 전쯤 번아웃을 경험했다. 천성이라 여겼던 일을 그만둘 만큼 큰일이었다. 번아웃의 '번'도 모르고 일하던 그 시절의 나는 365일 중 362일을 회사에 나갔을 만큼 '열정의 화신'이었다. 매일 회사에 있어도 즐겁고 행복했다. 시간이 흘러 문득, 미래의 불안함이 하나, 둘 생기기 시작하면서 이런 열정페이가 나의 삶보다 경영자의 삶만을 더 풍요롭게 한다는 생각이 들었다. 그렇게 세상을 보는 틀을 부정적으로 만들고 나니, 그 안에서 더 이상의 미래를 찾기 어려워졌다. 비전을 제시받거나 스스로 제시하지 못했던 미성숙한 시절의 하루하루만 존재할 뿐이었다. 일할수록 에너지 넘쳤던 그 전과 달리 빠져나가는 에너지의 속도가 감당이 안 되었다. 결국, 삶을 더이상 부정적으로 만들지 않기 위해 일을 그만둬야 했다. 무엇이 열정의 화신을 흑화시켜버린 것일까?

일로 열정을 채우던 사람이 일을 그만두고 나니 세상에 쓸모없는 사람처럼 느껴졌다. 나를 다시 찾아야 살 수 있을 것 같았다. 나를 공부하는 학교라는 모토를 가진 '인큐'라는 회사에서 진행하는 프로그램을 찾아 신청했는데, 부산에서 살고 있을 때라 서울까지 두 달을 주말마다 올라와 들어야 했다. 교육 과정은 자신을 긍정적으로 볼 수 있는 활동들이 많았는데, 무엇보다 조원들과 이야기를 주고받은 시간은 치유의 시간이었다. 역시, 나는 사람들과 함께해야 앞으로 나갈 수 있는 존재였다.

"로또에 당첨되면 이 일을 하시겠어요?"라는 질문은 내가 힘든 순간에 단골처럼 등장하지만, 부정적인 기운이 가득할 때 이 질문에 대한 답은 "아니오"일 때가 많다. 그래서 뭐라도 붙잡아야 살 수 있을 만큼 절실한 순간이 찾아오면, 배울 것을 미친 듯이 찾는다. 태니지먼트도 살기 위해 처절하게 선택한 배움 중 하나였다.

태니지먼트 코치 양성 과정은 시들어가던 나에게 에너지가 되었다. 과제를 한다는 명목 아래 주변 사람들에게 검사 결과를 분석해주고, 내면에 있던 것들을 찾아보게 하는 과정은 오랜만에 느껴보는 즐거움이었다. 검사 결과 분석을 통해 자신을 더 잘 이해하도록 돕고, 그 특별함을 알아봐 준 것에 대해 감사해 할 때 살아있음을 느꼈다. 새로운 것을 배운다는 것은 다른 사람과 나눌 수 있는 것이 생기는 것이고, 그 배움을 나눠줄 때 비로소 내 쓰임이 완성된다는 것을 기억해낸 것이다. 나에게는 절대 잃고 싶지 않은 삶의 기준이다.

태니지먼트 검사를 이용하여 고등학생들과 상담을 진행했다. 군인이나 경찰이 되고 싶다고 얘기했던 고2 여학생이 기억난다. 아버지가 직업군인이라 어릴 때부터 자연스레 군인의 삶을 동경해 왔고, 군 검사를 다룬 드라마를 보며 자신도 군 검사를 꿈꿨다고 했다. 하지만 최근 뮤지컬을 보며 느낀 커다란 감동으로 인해 뮤지컬 배우가 되고 싶단 강한 열망이 생겨서 고민 중이라 했다. 그 학생의 태니지먼트 강점은 '추진'과 '완성'이었고, 주고받은 대화를 바탕으로 이런 말을 해주었다.

"근영(가명)이와 나눈 상담과 강점 결과를 살펴보면 스스로 목표달성을 위해 빠르게 행동하고, 성과의 정점에 있고 싶어 하는 사람이야. 군인은 위계질서가 있는 조직이니만큼 누구보다 지위에 대한 성취감을 얻기 좋지. 뮤지컬 또한 끊임없는 연습을 통해 올라갈 수 있는 단계들이 있으니, 먼저 각각의 직업적인 방향에서 이루고 싶은 것을 정리해 보면 좋겠다. 그중 어떤 것이 근영이다운 모습에 가까운지 생각해 보고 결정하면 좋겠어."

40분 정도 상담을 진행했는데, 그 학생은 고민했던 부분이 어느 정도 정리가 되었다고 했다. 강점으로 나온 특징이 본인의 생각과 행동에 영향을 많이 미치고 있다는 사실이 신기하고 놀랍다는 얘기도 해주면서 말이다. 잠깐의 상담 안에서 서로에 대한 깊이 있는 이해가 공유되는 느낌을 받았고, 이 학생의 몇 년 후가 아주 궁금해졌다. 역시, 이런 느낌과 감동 때문에 나누는 시간을 놓칠 수가 없다. 누군가의 삶에 잔잔한 파문을 일으키는 돌멩이 하나를 던지는 일. 배움은 나에게 동심원의 파문을 일으키고, 누군가의 삶에 내가 줄 수 있는 나눔이 된다.

무엇이 가장 자신을 살아 숨 쉬게 만드는가? 자신의 재능이나 강점이 어떤 환경에서 누구에게 전달되었으면 하는가? 스스로 끊임없이 답을 찾을 때까지 질문을 찾아 묻고 자신을 관찰해야 한다. 삶은 힘든 시간이 수시로 찾아오기에, 그때마다 극복할 수 있는 나만의 강점을 최적 루틴으로 삼아야 한다. 시간이 흐르고 극복하는 과정에서 강점 발현의 결과물은 고스란히 나다운 삶이 될 것이다. 스무 살에 이르러서 '삶은 세상에 태어난 이유를 찾는 것이 아니라, 존재할 이유를 스스로 정하는 것이다!'라고 선언했었다. 나에게 배움과 나눔은 이 선언을 실천하는 과정에 있어 꼭 필요한 루틴이다.

열정의 화신부터 책임자의 위치에서 도망쳤던 도망자까지의 다채로운 삶을 살아왔다. 힘든 순간마다 필요한 질문을 하고, 관찰하며 내 마음을 들여다보는 일을 적극적으로 했다. 부정적인 기운에 잠식되지 않으려고 배움에 더 집착했을 때도 있었다. 여전히 부족함이 많고, 힘든 일을 겪을 때마다 존재에 대한 의심이 생긴다. 하지만, 기억이 존재하는 한 가장 나답게 극복할 수 있는 루틴이 하나 있다.

그 루틴의 마지막 순서에 묻는다.

"로또에 당첨되면 이 일을 하시겠어요?"

지금의 나의 답은 Yes!

호기심, 수용, 도전, 관찰

차휘진

중학생 시절부터 잘하는 게 없는 것 같았고, 잘할 수 있는 분야를 찾지 못해서 막막했다. 내가 잘하는 게 있기는 한지 알고 싶었다. 그래서 강점을 찾으려고 뭐든 시도했고, 기회가 보이면 어떻게든 도전했다. 뭐라도 흡수하고 소화해서 내 강점을 발견하려고, 타고난 강점이 없으면 만들기라도 하려고 노력했다.

무엇이든 시도하다 보니 많은 것들이 쌓여 있었다. 프랭클린 플래너 강의, 비전 스쿨, 3p 바인더 워크숍, 심리상담, 버츄 워크숍과 트레이닝, 본하트 코칭(정서, 질문 스토리, 리멤버, 소질), 마인딩 마음관리, 교수님들과 장기 및 단기 면담, 방송작가 강좌 OT, 현업 방송작가님과 면담, 갤럽 강점 검사, 태니지먼트 강점 검사와 디브리퍼, 코치, 액셀러레이터 과정, 에니어그램, MBTI, DISC, 다중지능검사, 도형 심리검사, 그림 심리 검사, 대학교 상담실 상담, 직업흥미검사, 진로 상담, 독서, 일기, 교양 수업과 타 전공 수업 초과 이수, 전공 변경, 각종 강의 수강 등등.

이런 경험들과 거기서 발견한 통찰들이 연결되었고, 영향을 주고받게 되었다. 새로운 강점을 찾아내거나, 어렴풋이 알던 강점이 선명해졌다. 내 강점이 아니라고 생각했던 것을 다른 경험에서 뒷받침해주어 내 것으로 받아들이는 경험도 있었다. 쌓아온 경험을 통해서 나 자신과 강점에 대해 풍부하게 알아갔다.

눈에 띄는 강점이 없고, 확신을 두고 뛰어들고 싶은 분야가 없어서 막막했다. 그래서 일상의 순간에도 의식적으로든 아니든 계속해서 강점을 찾았다. 내가 누구인지, 내 강점은 무엇인지 절실하게 알고 싶었다. 근거 있는 자신감을 가지고 싶었다. 강점을 찾기 위해, 그리고 없는 능력도 키워내기 위해 노력을 많이 했다. 잘하는 것이든 못하는 것이든 발전시키기 위해서 고민하고 학습했다.

늘 자신에 대해 관찰했다. 좋아하고 흥미 있고, 끌리는 것이 무엇인지 찾기 위해 노력했다. 여러 분야의 다큐멘터리를 찾아보거나, 현업 종사자의 책을 찾아보거나, 관심이 가고 호기심이 생기는 영역은 제한하지 않고 직접 또는 간접적으로 경험했다. 그 과정에서 내가 어떻게 참여하고 받아들이는지 관찰했다. 관찰하다 보니 강점을 찾는 때도 있었다.

좋아하는 영화가 있으면 열 번이 넘도록 다시 보는 면을 통해서 '반복'하는 강점을 찾아내기도 했다. 반복 강점을 찾아낸 뒤로는 필요할 때 의식적으로 사용하고 있다. 덕분에 어릴 때 붙여졌던 끈기 없다는 꼬리표와 이별할 수 있었다.

누구를 만나든 무엇을 하든 뭐든 배우려 하고, 학습할 포인트를 찾으면 책을 읽든 강의를 찾아보든 '학습'하는 강점도 있었다. 학습한 것들이 하나씩 쌓여 어느새 어마어마한 학습량을 만들었고, 이제는 무엇이든 물어보면 대답해주는 사람, 만날 때마다 배울 게 있는 사람 등의 말을 듣기도 한다. 초등학교, 중학교, 고등학교에 다니면서 자신에게 붙였던 공부 못한다는 꼬리표도 어느새 사라졌다.

강점을 찾기 위해 가장 먼저 필요한 것은 자기 수용과 호기심이다. 검사 결과나 타인의 칭찬을 통해서 강점을 제시받았을 때 그렇지 않다고 튕겨내거나, 잘하는 수준은 아니라며 스스로 차단해 버린다면, 꽃피울 수 있는 강점도 멀어지게 된다. 이게 내 강점이 될 수도 있구나, 나는 어떤 사람인가, 이 상황에서 내가 발휘한 건 어떤 강점일까, 자기 수용과 호기심으로 자신을 대한다면 숨어있는 강점을 찾아내는 데 큰 도움이 된다. 발견한 강점을 싹틔우기 위해서 노력했던 것은 다음의 네 가지다.

첫 번째 자기 지원이다. 사람들 시선에 얽매이지 않고 내가 하고 싶은 것을 할 수 있도록 자신을 지원한 것이다. 무엇을 원하는지, 어떻게 하고 싶은지 나에게 종종 물었다. 바라는 것을 이루기 위해서 도움이 필요하면 요청했고, 학습과 노력이 필요하면 행동으로 옮겼다. 재정이 필요하면 식비를 아껴가며 자신에게 투자했다. 이렇게 하다 보니 나다움과 나의 본질에 가까워졌고 그 과정에서 강점을 발휘하고 강화하기 수월해졌다.

두 번째 긍정적 자기 대화다. 있는 그대로의 나 자신을 받아들이며 틀에 가두지 않으려고 노력했다. 자책하지 않고 자신을 삐딱하게 보지 않기 위해서 애썼다. 업무가 아닌 것은 나에게 과도한 부담을 주지 않았다. 현재에 집중하려고만 했다. 그런 자기 대화를 했다. 그래서 언제든 선뜻 학습하고 도전할 수 있게 되었고, 부담 없이 작심삼일을 반복했다. 결과적으로 독서량과 학습량이 늘었고, 생각보다 많은 것들을 성취하게 되었다.

세 번째는 공유하는 대화다. 좋은 것을 배우거나 깨닫게 되면 나눠주고 싶은 마음이 생기곤 했다. 혼자만 알기 아까워서 때때마다 생각나는 사람들에게 공유하고 관련된 대화를 나눴다. 발견한 것에 관해 대화를 주고받게 되면 기억에 남아서 더 활용하게 되었다. 그리고 대화 중 새로운 통찰과 발견이 있기도 했다. 발견한 것을 발전시키기 위해 도움이 되는 대화가 오갈 때도 있다. 좋은 것을 나눠주려다 더 좋은 것을 받게 됐다.

네 번째는 시각화다. 시각화는 세 가지 스타일로 활용하고 있다.

첫 번째 시각화는 시각화된 기록물을 시야 안에 두는 것이다. 나에 대한 기록물이나 결과지가 손이 잘 닿는 곳과 눈에 띄는 곳에 둔다. 아이패드에 담아두고 필요할 때나 활용하고 싶을 때 꺼내 보기도 한다. 이렇게 하면 강점을 계속 상기하게 되어 잊지 않고 필요할 때 사용할 수 있다. 그리고 이런 강점들이 있다는 것을 떠올리는 것만으로도 힘이 된다.

두 번째 시각화는 최고의 자아에 강점의 특징을 담아 이미지화해서 책상 위 액자에 걸어두고 매일 볼 수 있게 하는 것이다. 보기만 해도 격려와 응원의 에너지를 받게 되고, 뭐든지 할 수 있을 것만 같은 기분이 든다. 노력하지 않아도 최고의 자아와 긍정적인 자기 대화가 된다.

세 번째 시각화는 나다움과 강점이 들어간 나만의 타이틀을 기록해서 매일 보는 것이다. 이렇게 하면 등대 같은 역할을 해줘서, 흔들림 없이 나다움과 강점을 발휘하는 데 도움이 된다.

작은 발견 하나가 큰 변화를 만든다. 우리 모두의 내면에는 강점으로 빛날 원석들이 깔려 있다. 숨어있는 원석을 발견하는 시작은 호기심이다. 내 마음의 소리는 내가 가장 잘 들어줘야 한다.

강점의 원석을 다이아몬드로 만들려면,
호기심 어린 태도로 무엇이든 도전한다.
그 과정과 결과에서 자신을 관찰하고, 수용한다.
이 과정을 거치면 내 안의 원석들이
다이아몬드로 나타나기 시작한다.

단점이 아니라 강점이다

우근영

어릴 때 내 별명은 까불이였다. 당시 '까불이'라는 작은 공이 있었는데, 그 공처럼 어디로 튈지 모르게 엉뚱한 생각과 질문을 잘했다. 또 생각이 떠올랐을 때 조금이라도 실행 가능해 보이면 행동 먼저 하곤 했다. 학교에서도 회사에서도 넘치는 아이디어 때문에 산만하다는 피드백을 받곤 했다. 때로는 다양한 아이디어들로 좋은 성과들을 내었다. 특히 전혀 달라 보이는 여러 개의 상황에서 연결점을 찾아 다음 상황을 예측하고 대비해서 도움이 된 적도 많았다. 하지만 이런 성향은 함께 일하는 팀원들을 힘들게 하는 요소였다. 업무를 모두 실행하기도 전에 또 다른 의견이 쏟아지니 업무 방향을 잃지 않고 속도를 맞추기 힘들어했다. 상황이 이렇다 보니 팀원들은 내가 다가가거나 이름만 불러도 경직 상태가 되곤 했다. 성격이 급하고, 단순 반복되는 업무를 싫어하는 나의 성향을 팀워크에서는 상당한 단점으로 인식하고 있었다.

사실, 이런 행동은 나의 강점 중 하나인 '창조'의 특징이다. "상상력을 발휘하여 새로운 것을 제안하는 강점 태니지먼트"이다. 다양한 아이디어들을 제안하고, 제공하며 새로운 방법으로의 접근을 통해 자극과 활력을 줄 수 있는 강점이다. '창조' 강점이 지나치게 발현이 되면서 단점으로 인식이 되었다. 강점을 제대로 알지 못했던 탓이다. 강점 검사와 강점 코칭을 알지 못했다면 계속 나의 단점을 고치려고만 했을 것이다. 강점은 어떻게 사용하는지에 따라 나를 힘들게 할 수도 있다. 하지만 제대로 알게 되면, 강력한 무기가 되어 나를 더욱 돋보이게 할 수 있다. 약점만을 바라본다면 일시적인 성취감이 있을 수는 있으나 계속 의심하게 된다. 자신의 강점을 인지하고 명확하게 사용하게 되면 삶에 더 큰 의미를 찾고 더 큰 영향력을 줄 수 있게 된다.

강점을 제대로 인식하고 난 이후부터는 업무 관련 아이디어를 제시하는 나의 태도는 이전과 완전히 달라졌다. 강점이 지나치게 발현이 되면 오히려 단점이 된다는 것을 알게 된 것이다. 그래서 현재 진행 상황을 먼저 점검하고, 다양한 의견을 들어본다. 그렇게 합의와 동의를 구하니 팀원들의 업무 만족도와 성과를 한층 더 끌어올릴 수 있게 되었다. 약점이 있음을 인정하고 모든 것을 잘할 필요는 없음도 인정한다. 그리고, 강점과 약점 모두가 필요하며 강점을 적용하면 약점도 완벽하게 수용할 수 있다는 것을 알게 되었다.

강점은 자연스럽게 잘하는 것이 기반되어야 한다. 우리의 뇌는 이미 경쟁우위가 있는 곳에서 가장 많이 성장한다. 새로운 시냅스 연결(학습에 도움이 되는 신경 경로)은 이미 가장 많은 시냅스 연결이 있는 곳으로 진행된다. 따라서 성장을 하려면 자연스럽게 잘하는 것을 찾아야 한다. 어쩌면 가장 큰 위험은 현재의 강점으로 자신의 성장을 제한하고 새롭고 더 강력한 강점을 개발할 잠재력을 무시하는 것이다. 하지만 강점과 잘하는 것을 혼동하지 말아야 한다. 어떤 일을 잘한다고 해서 그것을 즐기는 것은 아닐 수 있다. 예를 들어 프레젠테이션을 잘하지만, 그것을 준비하는 과정이나, 프레젠테이션의 순간이 즐겁지 않은 것은 강점의 범주에서 제외할 필요가 있는 것이다.

그렇다면 강점은 어떻게 알 수 있을까? 가장 확실한 방법은 강점 검사를 받고 결과를 확인하는 것이다. 하지만, 그보다 먼저 해볼 수 있는 3가지 방법을 제시해 본다.

첫째는 주변 사람에게 질문을 통해 알 수 있다. 자신을 잘 알고 진정성 있는 답변을 줄 수 있는 사람 5명에게 질문하면 된다. 평소에 자신이 어떤 부분에 두각을 나타내는지, 어떤 일을 할 때 즐거워 보이는지에 대해 인터뷰해 보는 것이다. 그리고 그들이 주는 답의 공통점을 나열해보고 비교해 보며 나의 강점을 찾을 수 있다.

둘째는 자신이 가장 좋아하는 일을 모두 적어보며 찾을 수 있다. 좋아하는 이유를 함께 적으면 강점을 파악하는 데 도움이 된다. 이렇게 하다 보면 잘할 수 있는 것, 오랫동안 할 수 있는 것, 그리고 일반적이지 않은 것을 파악할 수 있다. 이렇게 찾아지는 것은 모두 강점의 핵심 요소를 알아내는 데 도움이 된다.

셋째는 자기 경력을 적어보고 그 안에서 패턴을 찾아보는 방법이다. 단순히, 역할로 분류하는 것이 아니다. 어떤 형태의 업무가 가장 좋았는지, 어떤 유형의 사람들과 함께 일할 때 더 즐겁고 성과가 좋았는지 등으로 구분해 보는 것이다. 이렇게 종합된 정보로 강점을 찾아보면 쉽게 수긍되는 부분도 있고, 의외의 모습이 발견될 수도 있다. 색다른 모습을 보고 거부할 필요는 없다. 강점은 현재의 모습으로 자신을 제한하기보다 열린 마음으로 자신을 받아들여야 한다. 새롭게 찾아진 모습이 있다면 자신을 확장하는 데 활용해야 한다.

강점이 반드시 기술일 필요는 없다. 강점은 다양한 형태로 발현될 수 있다는 것도 이해할 필요가 있다. 즉, 강점을 알게 되면 나를 제대로 바라볼 수 있게 된다. 강점, 재능이라고 하면 좋은 부분만 표현하는 것 같지만, 오히려 부정적인 요소인 분노로도 재능과 강점을 찾을 수 있다.

보통은 단점을 향한 부정적인 피드백이 두렵기 마련이다. 그래서 단점을 감추려 하고 방어적 태도를 취하거나 회피하게 된다. 특히 단점을 통해 부정적인 피드백을 받는다면 자신의 재능이나 실력을 의심하게 된다. 하지만 강점을 제대로 알게 되면 외부의 피드백에 쉽게 위축되지 않는다.

자신을 스스로 믿는 자기 확신이 높아지고,
지금까지와는 다른 크기로 더욱 성장할 수 있다.

나를 믿어준 사람들을 믿는다

김재은

강점을 찾고 활용하는 일은 삶의 방향을 좌우하는 중요한 일이다. 하지만 스스로 자신의 강점을 발견하고 알아차리기는 쉽지 않다. 내가 잘하는 일은 너무 자연스러워 강점이라고 생각하지 못하기 때문이다. 오른손잡이가 오른손을 더 잘 쓰는 것을 당연하게 느끼는 것과 같다. 두루두루 잘하는 사람일수록 특별히 잘하는 게 없다고 생각하기도 쉽다. 나 역시 어릴 적부터 잘하는 게 없다고 생각했다. 선생님 말씀 잘 듣는 성실한 학생이었지만 가고 싶은 대학이나 전공, 장래 희망은 흐릿했다. 그저 호기심이 많고 친구를 좋아해서 그럭저럭 즐거운 학창 시절을 보냈다. 당시 막 뜨기 시작한 외국어 고등학교에 입학시험을 봤다가 운 좋게 합격했다. 고등학교도 열심히 다니면 괜찮은 대학에 갈 수 있을 줄 알았다. 하지만 아니었다. 수능 시험에 망했고 지원했던 모든 대학에서 떨어졌다. 인생의 첫 실패였다.

고등학교 졸업식 날은 밸런타인데이였다. 전날 밤늦게까지 슈퍼에서 사 온 각종 초콜릿과 사탕들을 종류별로 포장하고 있었다. 반 친구들에게 나눠줄 우정 초콜릿이었다. 엄마는 혀를 찼다. 대학도 못 갔는데 친구들한테 초콜릿을 돌리고 싶으냐고. 당시에는 엄마의 말이 너무 서운했다. 졸업식 날 강당에는 대학별로 합격자 이름이 줄줄이 적힌 커다란 현수막이 내걸렸다. 거기에 내 이름은 없었다. 그제야 꽃다발을 들고 졸업식에 참석하신 부모님께 죄송한 마음이 들었다.

재수 생활을 시작했지만 한참동안 공부가 손에 잡히지 않았다. 지금까지 해온 모든 노력이 무의미하게 느껴졌다. 전처럼 공부하면 안 될 것 같았다. 하지만 다른 방법도 몰랐다. 막막했다. 다시 마음을 잡을 수 있었던 건 나와 같이 실패를 겪고 동고동락했던 친구들 덕분이었다. 재수학원에는 서울뿐 아니라 대구, 남원, 원주, 부산 등 전국에서 올라온 뛰어난 친구들이 많았다. 각자 다른 방식으로 배울 점이 많은 친구들과 이야기를 나누다가 문득 깨달았다. 우리는 모두 운이 없었을 뿐이었다. 그리고 다시 시작할 수 있는 기회가 있었다. 다양한 친구들과 어울리면서 내 방식에 대해서도 긍정할 수 있게 되었다. 내가 공부를 할 때 가장 원동력이 되었던 말은 "배워서 남 주자"였다. '1등'이나 '좋은 대학'에 가는 게 목표가 아니었다. 내가 잘할 수 있는 일로 주변 사람과 사회에 도움이 된다면 기쁠 것 같았다. 결국 내 방식대로 열심히 공부해서 이듬해 원하는 대학에 입학했다.

초능력을 가진 주인공이 악당을 물리치고 세계를 구하는 히어로 영화들의 공통점이 있다. 주인공에게 역경이 닥치기 전까지는 어떤 특별한 능력이 있는지 모른다는 점이다. 오히려 스스로 평범하거나 결핍이 있다고 느낀다. 디즈니 애니메이션《겨울왕국》주인공 엘사는 어릴 적부터 자신의 힘을 능력이 아니라 저주로 여겼다. 손이 닿는 곳마다 얼려버리는 능력을 숨기기 위해 장갑을 낀 채 깊은 성 안에 숨어서 살았다. 오해를 받고 도망치던 엘사가 자신의 특별한 힘을 깨닫고 스스로 억압하던 장갑을 벗어 던지며 "난 자유야I'm free"라고 외치는 순간은 영화의 중요한 전환점이다. 영화 속 히어로들은 뜻밖의 사고나 시련을 겪으면서 자신의 능력을 깨닫는다. 그 과정에서 스승이나 동료를 만나 도움을 받는다. 혹독한 수련 과정을 통해 더욱 강력해진 초능력으로 원하는 목적을 이룬다. 초능력을 강점으로 바꿔서 생각해도 크게 다르지 않다. 우리는 모두 강점을 갖고 있지만 스스로 알아차리기 어렵다. 평범한 사람에게도 강점을 자각하는 순간은 인생의 중요한 전환점이 된다.

사람들이 고유한 강점을 깨닫는 과정을 돕고 각성의 순간을 함께 하는 것은 강점 코치로서 충만하고 행복한 경험이다. 〈두 번째 도서관〉에 참여했던 최설희 님은 여행 책을 출간하고, 유명 아티스트 공연과 뮤직 페스티벌을 도맡아 홍보한 훌륭한 경력을 갖고 있었다. 그런데 겸손하다 못해 스스로 낮추고, 그동안 해온 일에 대해 자신이 어떤 역량을 발휘했는지 인정하는 데 인색했다. 나는 코칭을 통해 설희 님이 홍보 전문가이자 출간 작가로서 가진 전문성과 강점을 자각하도록 도왔다. 자신의 고유한 강점을 재발견한 그는 집중적인 노력 끝에 두 번째 책을 출간하고, 강사로서 새로운 커리어를 시작할 수 있었다.

회사 동료인 황보람 님은 태니지먼트 강점 코칭을 통해 한 문장으로 자신을 표현했던 경험에 대해 이렇게 말했다.

"나의 강점들로 형성한 문장이, 내 마음에 쏙 들고, 궁극적으로 내가 되고자 하는 사람이라는 점이 신기했다. 나는 남이 되려는 게 아니라 내가 되고 싶어서 이렇게 고군분투하고 있다는 것을 다시 한 번 깨달을 수 있었다."

그의 말을 듣고 나 역시 깨달았다. 사람들은 끊임없이 다른 누군가가 되기 위해서 애쓰며 살아간다. 하지만 인생의 가장 큰 성취는 진정한 자기 자신으로 남는 것이었다.

강점은 스스로 알아차리기 어려운 탓에 태니지먼트, 갤럽 등 전문업체에서 강점 진단과 코칭을 받으면 도움이 된다. 하지만 셀프 코칭을 통해 스스로 찾아볼 수도 있다. 태니지먼트 강점 코치 교육 과정에서 배우고 나에게 적용했을 때 유용했던 방법을 소개한다. 강점의 실마리는 평소에 흘려듣던 다른 사람의 칭찬에 있었다. 처음에는 아무리 생각해도 잘 기억나지 않았다. 두 눈을 감고 숨을 크게 들이쉬고 내쉬면서 다시 생각해 봤다. 일하면서 충만함을 느꼈던 순간, 나 자신에게 뿌듯했던 장면, 내 모습이 스스로 마음에 들었던 장면들을. 그때 주변 사람에게 들었던 말들이 하나, 둘 생각났다.

"평소에는 소녀 같지만 일할 때는 열정적이에요."

"덕분에 좋은 영향 많이 받았어요. 저와 다른 분들의 삶이 달라졌잖아요."

"재은 님 글을 읽으면 마음이 따뜻해져요."

칭찬과 응원의 말을 떠올리자 부끄러움과 함께 용기가 솟아났다. 돌이켜 보니, 지금 하는 일도 나를 믿고 응원과 격려를 아끼지 않은 분들 덕분에 시작할 수 있었다. 그동안 내가 성장할 수 있었던 마디마디에는 나도 몰랐던 내 강점을 알아봐 준 사람들이 있었다. 나를 믿어주는 사람들을 믿고, 어려워 보이는 일에도 용기 내서 도전할 수 있었다.

강점을 발견하기 위한 첫 걸음은 나를 믿어주는 사람을 믿는 것이다. 다른 사람의 칭찬은 나의 강점을 발견할 수 있는 소중한 기회다. 그 사실을 깨달은 뒤부터 다른 사람의 작은 칭찬이나 긍정적인 피드백에 귀를 기울인다. 나를 믿는 사람에는 나 자신도 포함된다. 자신감이 필요할 때는 스스로 칭찬일기를 쓰면서 내가 오늘 어떤 강점을 긍정적으로 활용했는지 되돌아본다.

인생에는 나도 몰랐던 바람직한 내 모습을
알아봐 주는 사람을 통해 자신이 누구인지 깨닫는 순간이 있다.
그 순간을 생각하면 언제나 뭉클하다.
그런 순간들이 아니었다면 지금의 나는 없었을 것이다.

나의 본질은 무엇일까?

이재욱

2021년 11월 16일 화요일.

"혹시 내일 아침 8시 40분에 김밥 포장 예약 가능한가요?"

집 근처 꼬꼬마 김밥집에 전화를 걸었다.

"더 이르게는 되는데, 아이 학교 보내는 시간이라 힘들 것 같아요. 혹시 몇 줄 필요하실까요?"

"3인분 2개, 2인분 1개요."

"아~ 내일 수요일이라 남편이 쉬는 날이네요. 8시 40분이라고 하셨죠?"

"네, 저도 아이 등원시키고 난 뒤 시간이 그쯤 되어서요."

"네, 그럼 그렇게 준비해 드릴게요."

"감사합니다. 그런데, 혹시 평상시에는 몇 시에 문을 여세요?"

"평상시는 9시 30분에 열어요. 수요일만 남편이 쉬는 날이라 이르게도 가능하답니다."

다행이었다. 내일이 마침 수요일인 덕분에 내가 준비해 가기로 한 점심에 차질이 생기지 않았다. '1인분이라면 가능했을까? 8인분이라서 가능했던 건 아닐까?' 하는 생각이 문득 스쳐 지나갔다. 어쨌든 생각한 대로 꼬마김밥을 준비해 갈 수 있게 되었다. 꼬마김밥은 일반 김밥 김의 1/4 크기다. 김밥 안 재료는 당근, 단무지, 시금치가 전부며 그 양도 많지 않다. 함께 제공되는 겨자소스에 살짝 찍어 먹는 게 특징이다. 작은 크기와 특별한 재료가 없음에도 이상하게 손이 계속 가는 묘한 매력이 있다. 그래서 '마약 김밥'으로 더 알려져 있다.

'마약 김밥' 원조집은 서울 광장시장에 있다. 집 근처에도 이 마약 김밥을 파는 꼬꼬마 김밥집이 있어 간간이 아내와 함께 사 먹곤 한다. 메뉴는 꼬마김밥 하나다. 3인분에 18줄, 2인분에 11줄, 1인분 5줄로 구성되어 있다. 가격은 각각 1만 원, 6천 원, 3천 원. 내가 주문한 김밥 3인분 2개와 2인분 1개는 총 47줄. 아침 일찍부터 47줄의 김밥을 싸려면 보통 일이 아닐 터다. 아무래도 8인분이라서 쉬고 싶었던 가게 주인 남편은 강제로 김밥을 준비해야만 했을 듯하다.

"누나, 내일 예정대로 만나는 거 맞지?"

내일 보기로 한 고등학교 선배에게 카톡 메시지를 보냈다.

"응응!" 답변이 왔다. 코로나가 한참인 시기라 대중교통은 무섭다며 차를 가지고 온단다. 울산에서 서울까지. 쉬지 않고 달려도 4시간이 넘게 걸린다. 중간에 휴식을 좀 취하고 차가 막히면 대여섯 시간은 족히 걸린다. 누나는 이 긴 거리를 오늘 밤 운전해서 올라오는 것이다. 내일 우리 부부와 친구네 부부에게 '수지 에니어그램' 프로그램을 진행하기 위해서다.

에니어그램Enneagram은 정확한 기원은 알 수 없으나, 2000년 전부터 구전되어 온 인간의 성격 유형과 그 유형의 연관성을 표시한 기하학적 도형을 뜻한다. 사람을 9가지 성격으로 분류하는 성격 유형 지표이자 인간 이해의 틀로 일컬어진다. '수지 에니어그램'은 세례명이 수지인 분이 에니어그램을 기반으로 개발한 프로그램이다. 180개 카드를 사용하여 놀이 같은 진행을 한다. 카드에 쓰인 이야기 중 자신의 이야기를 담은 카드를 고르고, 아홉 본질에 대한 다각도의 이해 과정을 거쳐 자신의 본질을 스스로 찾아내는 프로그램이다.

고등학교 선배가 가끔 소셜미디어에 올리는 수지 에니어그램 활동 사진을 본 적이 있다. 누나는 최근 강사 자격을 얻어 울산에서 활동을 시작한 것으로 보였다. 마침 나도 한국형 에니어그램 검사를 받게 되어 누나에게 연락을 취하게 되었다. 수지 에니어그램은 설문지를 기반으로 한 한국형 에니어그램과 다르게 위에 설명한 활동을 통해 스스로 본질을 찾아가는 프로그램이라는 사실을 알게 되었다. 호기심이 생겨 한번 참여해 보고 싶었다. 부부가 같이 받으면 좋다고 해서 아내와 함께하고자 했다. 하지만, 프로그램 진행 시간이 보통 6시간. 돌 무렵 아이를 키우고 있는 우리였다. 주말 시간을 내자니, 누군가 아이를 맡아주어야 하는데 6시간이나 맡겨둘 곳이 마땅치 않았다. 아내와 함께하기 위해 평일 휴가를 사용하기로 했다. 최근 회사를 그만두고 진로를 고민하는 친구가 있었는데, 이 친구네 부부도 함께 받아보면 좋을 듯했다. 고등학교 선배에게 부탁하여 모두의 일정 조정 및 약속을 잡게 된 날이 바로 내일이다. 아이가 어린이집에 있을 시간을 활용하여 10시부터 오후 4시까지 프로그램을 진행하기로 하였고 점심은 내가 준비해 가기로 한 것이다.

2021년 11월 17일. 수요일. 아침 일찍부터 분주했다. 아이 등원 후 예약해둔 김밥을 찾아 약속 장소인 마포구로 가야 했기 때문이다. 출근 시간에 차가 막힐까 걱정했지만, 다행히 약속 장소에 30분 전 도착했다. 오랜만에 보는 선배와 반갑게 인사를 나눈 뒤 예정대로 우리는 프로그램에 참여하게 되었다.

"우동의 본질은 무엇일까?" 본질에 관한 이야기로 프로그램이 시작되었다. 나는 따뜻한 국물이 떠올랐다. 다시마와 멸치 그리고 각종 재료로 우려낸 육수가 생각난 것이다. 하지만 이 육수에 어묵만 들어가면 어묵탕이다. 소면을 넣으면 잔치국수도 될 수 있다. 국물은 본질이 아니었다. 우동의 본질은 면이었다. 탱글탱글한 우동 면이 들어가야 비로소 우동이 되는 것이다. 따뜻한 국물이나 튀김들은 부수적인 조력자 역할을 하는 친구들이다. 튀김이 없어도 우동은 우동이다. 국물이 없어도 우동은 우동이다. 해산물과 우동 면을 자작하게 볶아낸 해물 우동 볶음도 우리는 우동이라 부른다. 즉, 우동은 면이 본질이다. 우동 면이 빠지면 우동이 아닌 게 되는 것이다.

6시간은 생각보다 순식간에 흘러갔다. 직접 전지에 나의 몸을 본떠 사람 모양을 그려보기도 하였고, 나라고 생각되는 카드들을 골라

보기도 했다. 9가지 유형의 사례와 특성을 통해 내가 어떤 유형의 사람인지, 내 본질이 무엇인지를 찾아보는 과정을 경험했다. 전체 과정을 다 겪어보니 우동에서 튀김도 빼보고 해산물도 빼보고 국물도 빼보며 본질인 우동 면을 찾아가는 과정이 수지 에니어그램이라는 생각이 들었다.

우리도 각자의 본질이 있다. '타고난 기질', '욕구' 또는 '삶으로의 초대'라고도 할 수 있다. 여러 사회적, 환경적 요소들로 인해 우리에게 다양한 모습들이 존재하지만, 그중 자신의 본질을 아는 것은 중요하다는 생각이 들었다. 나의 본질을 충족시킬 수 있는 방향으로 삶을 개발하고, 발전시켜 나가면 스스로가 만족스러운 삶을 살아갈 수 있기 때문이다. 나의 본질이 무엇인지를 알면, 건강할 때의 내 모습, 건강하지 못할 때의 내 모습을 분간할 수 있다. 건강하지 못한 내 모습과 행동을 이해하고 대처할 수도 있다. 나아가 나를 알고 이해하면, 다른 사람의 다름도 수용할 수 있고, 함께하는 사람들과 조화로운 삶을 살아갈 수 있다.

글을 쓰다가 문득 김밥의 본질에 의문이 들었다. '김' 일까? '밥' 일까? 누드 김밥은 겉이 밥이다. 김 대신 달걀이나 라이스페이퍼로 재료를 싼 김밥도 있다. 반대로 저탄수화물식 김밥이라고 해서 밥 없이 다양한 재료들을 이용하여 만드는 김밥도 있다. '김'인 것 같기도 하고 '밥'인 것 같기도 하다. 본질을 찾는 것이 그리 간단한 일은 아닌 듯하다. 김이 본질이라 생각하는 사람은 어떤 종류의 김을 사용하면 더 맛

있을지, 어떻게 하면 옆구리가 터지지 않을지, 파래를 섞어보면 어떨지 고민하고 개발해 나갈 것이다. 밥이 본질이라 생각하는 사람은 어떤 종류의 쌀을 이용하면 맛있을지, 어느 정도 불렸다가 지을 것인지, 소금과 식초, 참기름, 깨 등 밥의 간은 어느 정도로 해줄 것인지 고민하고 개발해 나갈 것이다. 결국, 본질이 무엇인지 고민해보고 나 스스로가 만족스러운 김밥을 만들어 가는 과정이 중요하다.

강점을 알기 위한 첫 단계는 나의 본질이 무엇인지 고민해보는 것이다. 본질이라는 말이 어렵게 느껴질 수도 있다. 찾기 어려울 수도 있다. 하지만 나를 들여다보지 않고서는 절대 나의 강점을 발견할 수 없다. 정답은 없다. 나의 경우는 '열정적이며 끊임없이 새롭고 흥미로운 경험을 추구하는 사람', '행복을 누리며 모든 사람의 경험에 풍요로움을 더해주는 사람'이다. 나를 꾸미고 있는 여러 가지 모습들을 한 꺼풀씩 벗겨나가 보니, 나라는 사람의 본질에 다가설 수 있었다.

이제 나는 나만이 가지고 있는 강점이자
삶으로의 초대를 가지고 나아가게 되었다.

chapter 3

강점은 어떻게 만들어지는가

재능을 찾아 갈고 닦아 강점으로 만든 후,
필요로 하는 사람들을 도와 세상을 지금보다
조금이라도 더 이롭게 하는 것. 이것이 우리가 해야 할 일이다.
자신의 재능을 찾지도, 강점으로 만들지도 않는다는 것은,
어쩌면 직무 유기일지 모른다.

훈련을 통해 수익을 내는 탁월한 강점으로 만들어라!

신경화

강점을 왜 알고 싶어 할까? 단순히 궁금해서는 아닐 것이다.

탁월한 능력을 갖춰 성과를 내고 싶어서일 것이다. 그렇게 되어야 진정한 강점이라고 할 수 있다. 미국 농구 황제로 불리는 마이클 조던은 농구에 재능이 있는 사람이다. 재능을 발전시키지 않았다면 그저 동네에서 농구 잘 하는 사람 정도였을 것이다. 끊임없는 공부와 훈련을 통해 누구도 따라올 수 없는 탁월한 강점으로 만들었기 때문에 놀랄 만한 성과를 내고 그에 맞는 연봉을 받는 선수가 될 수 있었다.

강점을 만들기 위해서는 우선 재능을 알아야 한다. 재능을 알기 위해 생각하는 시간을 갖고 재능의 힌트를 모으고 분류해 보았다. 발견하지 못하는 부분까지 알아보기 위해 강점 진단을 했다. 강점 진단 결과 내 재능은 갤럽 진단 결과 개별화 테마, 최상화 테마, 배움 테마, 개발 테마, 책임 테마이 나왔다. 태니지먼트 진단 결과 창의, 양성, 공감, 비교, 계획, 논리가 나왔다.

결과 리포트를 보고 대부분의 재능은 수긍이 되었다. 그런데 '이런 재능이 있다고?' 뜻밖의 결과가 바로 '최상화 테마'였다. 최상화 테마를 가진 사람은 우수한 수준을 최상의 수준으로 끌어올리는 것에 흥미를 느끼는 사람이다. 기준이 최상이다. 살면서 최고가 되고자 노력해본 적이 없다. 높은 목표를 정해 놓고 이루기 위해 아등바등 애써 본 적이 없다. 그런데 최상화가 강점이라고? 우수한 정도도 못한다. 늘 부족하다고 생각해서 고치고 또 고쳤었다. 그럼에도 부정할 수가 없었다. 본의 아니게 강점 진단을 3번을 받았다. 공통적으로 나온 것 중 하나가 최상화다. 수긍되지 않았던 이유는 다른 코치님과의 상담을 통해 알게 되었다. 부정적인 경험이 있으면 무의식에서 거부할 수 있다고 한다. 곰곰이 생각해보니 생각이 났다. 어릴 적 친한 친구가 최상화였다. 기본적인 마음은 착했는데 순간순간 돌변할 때가 있다. 체육 시간에 반 친구들과 피구를 하면 이기기 위해 몸을 사리지 않는다. 학교 끝나고 친구들과 모여 놀면서 게임을 하면 어떻게 해서든 이기기 위한 열정이 타올랐다. 행여 지기라도 하면 눈물을 흘렸다. 성격상 얼마든지 그럴 수 있는 일이다. 그러나 어린 나의 눈엔 자기만 이기고 싶어 하는 욕심쟁이처럼 보였다. '흥부 놀부'류의 동화를 많이 보아서 그런 것 같다. '○○이보다 내가 더 많이 가져야지, 잘해야지'라는 마음을 먹는 것은 욕심이고 나쁜 행동이라고 생각했던 것 같다.

최상화가 재능이라고 인식한 후에는 받아들였다. 무엇을 하든 최상을 위해 노력한다. 강의 준비를 함께하던 동료와 준비 잘되고 있는지를 물은 적이 있다. "PPT 100번 고친 것 같아요."라고 진담 반 농담 반으로 말했더니 "최상화여서 그래요. 저는 강의 틀만 있으면 그냥 강의해요."라는 것이다. 부족한 것 같아서 강의 전까지 계속해서 고치던 것이 최상화 때문이었다는 것을 깨달았다. 만약 강점 검사를 통해 알게 된 재능이 동의가 되지 않는다면 부정적으로 느낀 경험이 있는지 살펴보는 것이 필요하다.

강점 진단 결과지에서 보여주는 5~6가지의 재능이 똑같이 나오는 경우는 거의 없다. 똑같이 나오더라도 순서까지 똑같지는 않다. 게다가 서로 영향을 준다. 예를 들어 사람의 성장을 돕는 '양성'의 재능이 있는 경우, 타인의 양성을 기쁨으로 느끼기도 하고 나의 성장에 관심이 있는 경우도 있다. '창의' 재능이 똑같이 있는 사람도 나머지 재능이 무엇인지에 따라 '창의'의 성격이 다르다. 창의는 보통 자유로운 상상력으로 기존의 틀이나 구조에 구애받지 않는 생각을 한다. 그런데 만약 계획, 중재, 신중, 완벽 등의 재능과 함께 있다면 기존 틀 안에서 약간 다른 시선이나 방향 정도의 창의가 발현될 가능성이 크다. 여러 가지 재능이 조합되다 보니 나만이 가지는 유니크한 특성이 되는 것이다.

그래서 결국 어떤 강점을 가진 사람인지는 재능의 조합을 정리해 보면 알 수 있다. 재능을 나열해 놓고 재능을 잘 설명해 준 단어나 문장을 옆에 적는다. 문장들을 보면서 '결국 나는 이런~ 사람'이라고 문장으로 만들어 보았다. 처음에는 내용이 길고 읽기 어려웠다.

'개인의 감정과 욕구를 자연스럽게 이해하고 기운을 북돋아 주며 책임감과 마음에서 우러나오는 친절로 가지고 있는 것을 아낌없이 나

둬 개개인의 특별한 자질을 탁월한 수준으로 높일 수 있도록 돕는 사람' 가장 중요한 부분이 무엇인지, 강점으로 내세울 만한 점이 무엇인지 고민했다. 결국 '개인의 특별한 자질을 발견하고 개발하여 탁월한 수준으로 높일 수 있도록 격려하고 돕는 것'이 강점이라는 것을 알게 되었다. 이전에도 지인들의 특징이나 특별한 점이 눈에 보여 잘할 것 같은 일을 제안하고 할 수 있도록 도왔다. 발견해주는 것 자체만으로도 보람과 기쁨이 컸다. 검사결과에서 나온 비교, 개별화가 사물이나 사람의 특징을 잘 볼 줄 아는 재능이다. 명확히 나왔다는 것이 신기하고 기뻤다.

이를 이용해 무슨 일을 하면 좋을지 고민했다. 우선 강점을 찾아주기 위해 강점 코치가 되고 강점을 개발시켜 주기 위해서는 성장을 돕는 프로그램을 만들어 진행한다는 계획을 세웠다. 마침 갤럽과 태니지먼트의 강점전문가 과정이 있어서 교육을 받고 코치가 되었다. 개인, 팀, 기업을 대상으로 코칭과 강의를 하며 보다 전문적이고 과학적인 방법으로 강점을 찾아주고 개발하는 방법을 알려주고 있다. 최상화의 강점을 이용해 고객들의 실력을 최상으로 올려드리고 나 역시 내 분야에서 최고의 전문가가 되는 것이 목표이다.

강점을 좋아하는 일에 접목해 보았다. 함께 모여 즐길 수 있는 행사를 기획하고 진행하는 것을 좋아한다. 그렇다고 마냥 놀다 끝나는 행사는 아니다. 즐거움이 있지만 의미가 있는 행사를 좋아한다. 약간의 의미와 성장을 위한 요소를 넣은 행사를 만들고 싶다. 강점 개발을 위해서는 성장을 위한 프로그램이 필요하다. 만약 독서모임을 하게 된다면 책을 읽고 생각을 나누는 일반적인 독서모임은 아닐 것이다. 탁월한 수준으로 성장할 수 있도록 강점을 찾아주고 개발할 수 있는 독서모임이 될 것이다. 그에 맞는 책을 선정하고 실행을 하고 결과물을 만들도록 할 것이다. 좋아하는 일을 하다가 몸이 아파서 하고 싶던 일을 모두 내려놓았었다. 건강과 쉼의 소중함을 누구보다 잘 안다. 쉼을 위한 행사도 진행해 볼 것이다. 강점이 무언지 알았다면 좋아하는 일과 접목해 할 수 있는 일들을 다양하게 만들어 볼 수 있다.

재능을 찾았으면 탁월한 강점으로 만들어 수익을 내는 프로가 되라! 남들과 차별될 정도로 우위에 있는 능력이 진정한 강점이다. 강점을 이용해야 원하는 것을 얻을 수 있다. 선한 영향력을 미칠 수 있다. '나는 왜 태어난 걸까?'라는 생각을 해본 적이 있다. 그것에 대한 해답은 자연을 보면서 찾았다. 몸과 마음의 휴식을 위해 따사로운 햇살을 맞으며 흔들 그네에 앉아 자연을 보고 있었다. 따사로운 햇빛, 살랑살랑 부는 바람, 천천히 흐르는 강물, 들에 피어있는 식물, 땅속을 기어다니는 곤충. 가만히 보고 있자니 모두 각자의 역할을 하고 있다. 덕분에 세상이 돌아가는 것이다. 어떤 것 하나 귀하지 않은 것이 없다. 하물며 사람은 어떨까? 분명 사람이 해야 할 역할이 있다. 종족 번식이라는 생물학적인 이유만은 아니다. 누구나 자기만의 재능을 가지고 태어난다.

재능을 찾아 갈고 닦아 강점으로 만든 후,
필요로 하는 사람들을 도와 세상을 지금보다

조금이라도 더 이롭게 하는 것, 이것이 우리가 해야 할 일이다.
자신의 재능을 찾지도, 강점으로 만들지도 않는다는 것은,
어쩌면 직무 유기일지 모른다.

아끼면 똥 되고, 팍팍 쓰면 돈 된다

서성미

초등학교 2, 4, 6학년 딸 셋을 키우다 보니 자주 이용하는 장소는 추가 할인을 받기 위해 다회권 구매를 할 때가 종종 있습니다. 동네 목욕탕만 하더라도 10회권을 끊으면 저와 세 딸, 시어머님 모시고 다녀오면 한번에 5매가 사용됩니다. 그래서 키즈 카페 입장권이나 목욕탕 입장권은 대개 대량구매로 이어집니다. 코로나처럼 특수 상황 때문에 다회권을 끊어 놓고 오랜만에 방문했더니 폐업해서 가게가 없어져 입장권은 휴지조각이 되어버린 경험을 했습니다. 아끼다 똥 된 것입니다. 강점 역시, 강점을 인지한 후에 전과 같이 행동한다면 보석을 돌덩어리로 품고 사는 것과 다를 바 없습니다.

또 강점이 과하게 발현될 때와 같은 어두운 면만 보고 강점이 발휘되지 못하도록 단속하며 사는 것은 나답지 않은 옷을 불편하게 입고 사는 것과 같을 수 있습니다. 강점의 어두운 면을 보고 약점을 보완하기 위해 나답지 않은 행동을 할 때 실수는 줄여나갈지 몰라도 행복하다는 느낌과 몰입의 즐거움은 느끼지 못했습니다. 오히려 실수를 신경 쓰는 에너지가 들어 뭔가 소진되어 간다는 기분이 들기도 했습니다. 욕구에 기반한 강점은 태양광 에너지 같아서 계속 써도 채워지지만 행동 판단 강점은 배터리 충전과 같아서 소진되면 채워주고 관리해야 합니다.

코로나 팬데믹이 시작된 2020년 1월에 오프라인으로 진행하던 독서모임을 온라인 모임 변신에 도전했습니다. 그때만 해도 이 변화가 가지고 올 파장을 몰랐습니다. 강점 진단도 안 했던 때라 제가 어떤 장점과 단점이 있는지 두루뭉술하게 아는 정도였습니다. 저의 동기부여와 양성의 강점에 이끌려 국내를 넘어 일본, 미국, 유럽, 몽골 등 전 세계 자기계발을 사랑하는 분들과 연결될 수 있었습니다. 그분들과 연대감으로 뭉치니 할 수 있는 일의 범위가 확장되었습니다. 매주 자기계발 교육 강의를 열 수 있게 되었고 존경하던 롤 모델 작가님들을 섭외해 저자특강을 할 수 있게 되었습니다.

1년 동안 매주 자기계발 특강, 저자특강을 진행하다 보니 상상도 못했던 분들과 연결되는 신기한 경험을 할 수 있었습니다. 강점은 이렇듯 끌리게 하는 자석 같은 작용이 있습니다. 21년 12월 저자특강으로 모셨고 평소 친분이 있는 지인이 중앙대학교 K-MOOC 2022학년도 사업계획 총괄을 맡게 되어 K-무크에서 강의할 강사 추천을 부탁했습니다. 당시 제약회사 연구직 직장인이었음에도 작가이자 강의경력을 가지고 있는 다양한 분야의 전문가를 추천하고 섭외하는데 도움을 드릴 수 있었습니다. 시간이 지나 돌이켜보니 이런 기회를 끌어당

길 수 있었던 것도 강점이 활용되었다는 것을 강점 코칭을 받으며 성찰하게 되었습니다.

2021년 1월 저의 Top5 강점을 알고 난 뒤 연결성의 강점을 훈련해 나갔습니다. 21년 한 해에만 강사 커뮤니티에서 공저 책을 출간했고 제가 운영한 독서모임에서도 회원 분들과 공저 책을 출간할 수 있었습니다. 최근에는 코치육성과정에서 만난 수강생 코치님들과도 함께 책을 쓰고 출간을 했습니다. 함께할 때 시너지를 더 낼 수 있는 강점이 있음을 알기에 의도된 훈련을 잘 활용했다는 생각이 듭니다. 연결성뿐 아니라 긍정과 발상이라는 강점도 열정적 에너지를 전이시키고 예상되는 문제에 직면할 때마다 기지를 발휘할 수 있게 도움을 주었습니다. 강점도 여러 가지가 함께 상호작용하며 시너지 낼 때 저만의 독특한 강점으로 발휘되는 것을 알 수 있었습니다.

강점 사랑에 푹 빠져 강점 개발에 올인 했던 21년 말미에는 저의 커리어 전환에 대한 확신을 가질 수 있게 되었습니다. 과학적인 접근으로 문제해결을 해나가던 연구원이라는 직업에서 삶의 문제를 탐구하고 분석하고 솔루션을 찾아가는 일을 해야겠다는 결론을 내렸습니다. 이 일에 대한 소명감을 가지고 기여하는 여정이 앞으로 해야 할 일이고 하고 싶은 일이고 잘할 수 있는 일이구나 깨달음이 올라왔을 때의 환희를 잊지 못합니다. 몇 년 전부터 병행경력으로 독립을 준비했지만 결정적으로 확신에 찬 결정을 할 수 있게 한 것도 강점 개발 덕분입니다. '나는 할 수 있다'는 자신에 대한 신뢰와 용기를 가질 수 있게 해주었습니다.

진주알도 실에 꿰었을 때 보석이 되듯이 나의 강점도 서로 유기적으로 발현될 때 지구상에서 유일한 나만의 강점 조합이 될 수 있습니다. 강점의 부정적인 면만 보고 투자하지 않고 의도적으로 훈련하지 않으면 나다운 옷을 두고 타인의 옷을 빌려 입는 불편한 삶이 될 수 있습니다. 이왕이면 주어진 삶을 살면서 누릴 수 있는 나다움을 제대로 풍성하게 누리며 살았으면 좋겠습니다.

"아끼다 똥 된다"는 말처럼
강점을 아끼다 똥 되게 할 것이 아니라
돈 되게 사용하시길 응원합니다.

나의 재능, 공감

상대방 중심으로 세상을 바라보기

조선정

인재 경영 컨설턴트 김봉준 소장은 저서인 《강점발견》에 "재능이란 자신만의 차별성 있는 능력이고, 강점은 반복되어 나타나는 역량으로 효율적이고 탁월한 성과를 낼 수 있는 기반이 된다."라고 기술했다. 그런데 타고난 재능이 자동으로 강점으로 발현되는 것은 아니다. 끊임없이 투자하고 노력해야 부정적 발현도 막을 수 있고, 더불어 강점으로 발전시킬 수 있다. 그런데 나는 재능을 인지하고 받아들이는 것도 쉽지 않았지만, 의지박약한 편이라 스스로 알아서 노력하는 것도 꽤 어려웠다. 그러나 너무나도 다행인 것은 주변에서 먼저 나의 재능을 알아봐 주고 인정해준 사람들이 있었다는 것이다. 이러한 인정이 나를 노력하게 만들었던 원동력이 되었다.

다양한 브랜드를 가지고 있는 글로벌 호텔 기업이 모기업인 서울의 한 호텔 인사부에서 근무했던 적이 있다. 아시아 퍼시픽 지역 전체를 총괄하는 사무실은 싱가포르에 있었고, 각 나라에는 다양한 시스터 브랜드 호텔들이 있었는데, 서로 간 협업도 많고 교류가 잦아서 싱가포르 지역 사무실뿐만 아니라 각 호텔의 인사부 직원들끼리는 꽤 돈독하게 지냈다.

그러던 중, 대규모 글로벌 호텔 기업과 우리 모기업이 합병하게 되었다. 기업 규모 면으로 차이가 꽤 나서 우리 모기업이 그야말로 '합병당했다'는 표현이 현실적으로 적합했다. 각 나라에서 독립적으로 운영되고 있던 호텔들은 합병의 여파가 그리 크지 않았으나, 실제 싱가포르 지역 사무실에서는 큰 변화들이 일어났다. 합병한 기업도, '합병당한' 우리 모기업도 각각의 지역 사무실이 싱가포르에 있었고, 이 두 기능이 합병으로 인해 합쳐지다 보니 누군가는 회사를 떠나야만 했다. 그러다 보니 아무래도 약자였던 우리 모기업 쪽 직원들의 퇴사가 줄줄이 이어지게 되었다. 탑 매니지먼트부터 디렉터, 매니저 등 정들었던 리더와 동료들의 퇴사 소식은 우리를 안타깝게 했다.

싱가포르 인사부 사무실에 꽤 자주 연락을 주고받던 동료가 있었다. 대학교 졸업 후 인턴부터 시작해서 매니저가 될 때까지 정말 열심히 일하고, 항상 긍정의 에너지 넘치는, 그래서 그런지 빠르게 성장할 수 있었다. 그녀의 커리어 성장을 옆에서 이끌어주었던 상사들도 하나씩 떠나갔고, 이제 우리 모기업 출신은 그녀와 단 한 명의 상사만 남아 있는 상황이었다.

그러던 어느 날, 그녀의 상사가 갑작스럽게 해고 통보받았다는 소식이 들려왔고, 그 소문은 정말 빠르게 아시아 퍼시픽 곳곳으로 퍼져나갔다. 어제까지만 해도 아무런 일 없이 업무 미팅을 함께했던 직원이 갑자기 해고당했다고 하니, 각국 호텔의 인사팀 동료들은 정말 믿을 수가 없었고, '도대체 무슨 일이 있었던 것일까?' 궁금해지기 시작했다. 국내 호텔 인사부 동료들 사이에도 빅뉴스로 다뤄지기 시작했고, 추가 소식이 있는지 궁금해 했다.

그러던 중, 갑자기 이번 일로 혼자 남게 된 그 동료가 떠오르면서, 그녀의 마음은 도대체 어떨까 하는 생각이 들기 시작했다. 자신의 성장을 함께 일궈준 어쩌면 커리어의 은인, 스승과도 같았던 사람들을 한 명씩 잃고, 결국 마지막까지 서로 의지하던 그 상사까지 이별의 준비 없이 하루아침에 떠나보내게 돼버린 것이다. 참 암담할 듯했다. 그래서 그 길로 그녀에게 이메일을 쓰기 시작했다.

> 실은 당신의 상사에 대한 소식을 들었어요. 갑작스러운 상황에 한국에 있는 사람들도 많이 놀랐습니다. 그런데 당신 마음은 지금 어떠한가요? 당신의 감정이 어떨지 잠시 생각해 봤어요. 최근 한두 달 사이 익숙했던 사람들이 떠났고, 이제 충분히 마음의 준비가 되지 않은 상태에서 한 명 남은 상사까지 떠나보내게 되었다니 불안하고 외로울 것 같았습니다. 그래서 이 말을 꼭 해주고 싶었어요. 당신 주변은 변화하고 있을 수 있지만, 멀리 있는 수많은 동료가 여전히 당신을 지지, 응원하고 있다는 것을 기억하라고요. 당신에게 누군가 필요할 때, 우리가 그리고 내가 항상 함께할 거예요.

그리고 얼마 뒤 그녀로부터 온 답장에는 다음과 같이 쓰여 있었다.

> 당신 이메일에 엄청난 마음의 위로를 받게 되었습니다. 진짜 고마워요. 사람들은 나의 상사가 해고당한 이유에 대해서만 궁금해 하는 것 같았어요. 나도 내 상사도 새롭게 구성된 조직에 적응하려고 노력하고 실상 좋은 사람들도 많이 만났지만, 둘이서 서로 의지하고 있었던 건 사실이거든요. 상실감이 밀려왔고 세상에 대한 두려움이 크게 느껴졌었어요. 그런데 당신의 이메일을 통해 아직도 나를 케어해주고 함께해주는 오래된 동료들이 많이 있음을 깨닫게 되었습니다. 내게 힘이 되는 말을 해줘서 정말 고마워요.

사실 나는 고맙다는 말을 듣기 위해서가 아니라, 그저 직관적으로 그녀의 마음은 어떨까 하는 생각이 먼저 들었기 때문에 했던 행동이 그녀에게 큰 위로가 되었다고 하니 매우 신기한 생각이 들었다. 그러면서, '아, 이렇게 상대방의 마음에 집중하는 것도 누구나 할 수 있는 것이 아니구나. 그런데 나는 그것을 할 수 있는 사람이구나.' 하고 '공감'이 진짜 나의 재능임을 깨닫는 순간이었다. 그때부터는 어떤 상황을 볼 때, 무엇이 어떻게 일어났는지도 중요하지만, 그 상황에 관계된 사람들의 감정은 어떠한지 먼저 의식적으로 생각하고 챙기게 되었다.

그리고 이러한 공감적 행동은 사람들과 깊은 관계를 만들어 나갈 수 있는 기반이 되었다.

강점 진단 결과 알게 된 나의 상위 재능 테마 중, '공감'은 가장 받아들이기 힘들었던 재능이었다. 그러나 타인으로부터 나의 '공감' 재능을 인정받으면서 마침내 자신도 받아들일 수 있게 되었고, 공감적 행동을 더욱 강화해서 나만의 강점으로 개발시킬 수 있었다.

이제 나도 강점 코치로서
다른 사람들의 재능 발견을 도와
강점 개발에 기여하고 싶다.

상대의 마음을 파고드는 커뮤니케이션

박진희

"당신의 강점은 무엇입니까?"라는 질문을 들으면 바로 대답하기 어렵다. 가족과 주변 사람들에게 들었던 말들을 떠올려보면 잘한다는 것들이 있다.

"우리 딸은 손재주가 좋아!"

엄마가 자주 했던 말이다. 그래서 취미생활이나 소소한 행복감을 느끼는 대부분 손재주와 관련 있는 것들이다.

"어떻게 제 마음을 그렇게 잘 아세요? 소름 돋아요."

이 말은 직업 특성상 청소년들과 상담을 하면서 많이 듣는 말이다. 강점 검사의 해석 상담이나 개인 코칭을 할 때, 일터에서 진행하는 학습 성향 검사 결과를 학부모님들과 공유할 때도 많이 듣고 있다. 40대 이후에 더 많이 듣게 되는 걸 보면, 다양한 상황들을 대하는 공감과 이해의 성숙도가 좋아지고 있기 때문이라 생각한다.

사람들과 얘기를 하다 보면 팝업처럼 아이디어들이 마구 쏟아져

나올 때가 있다. 상대의 상황과 그 감정의 해석이 빠른 편이고, 해결 방법들도 바로 떠오르는 편이다. 그래서일까? 학원에서 일하다 보면 관리가 힘든 학생이 있기 마련인데, 나에게 그 아이들은 무척이나 매력적인 도전의 대상이 된다. 마치 어드벤처 영화의 한 장면처럼 미지의 세계가, 새로운 도전이 되어 모험심을 크게 자극하는 것 같다.

보통 힘들다고 여겨지는 아이들의 특징은 표현이 거칠고, 행동이 과격하거나 감정이 화산처럼 폭발하는 경우를 동반한다. 무척이나 궁금하다. 왜 이렇게 서툰 방법으로 자신을 표현하고 있는지, 그 모습은 스스로 맘에 드는지 말이다. 지금까지 만나왔던 아이들은 대체로 자신의 마음이나 상태에 대해 인지하지 못하고, 불편한 감정들만을 쏟아내었다. 쏟아내는 방법이 주변을 힘들게 하다 보니 가족과의 대화를 포기하거나, 사람들의 시선 자체를 부정적으로 보는 경우가 많았다. 이 상황으로 인해 모두가 힘든 시간을 보내게 되니 안타까움이 너무 크다.

주변 사람들까지 힘들다고 할 정도의 아이들은 분명 내면에 가진 에너지의 수준이 다르다. 그 에너지가 이로운 방향으로 간다면 사회에 누구보다 큰 영향력을 발휘하여 살아갈 멋지고 귀한 존재들이다. 어떻게 해야 엄청난 에너지를 품고 있는 이 아이들에게 온전히 자신의 삶을 살아갈 수 있도록 도울 수 있을까? 아이들과 양육자 모두에게 큰 가능성을 가진 존재로서의 인식을 만들어주는 대화는 나의 강점이 빛을 발하는 순간이 된다.

전에 일하던 곳에 소위 문제아라고 취급받았던 중2 남학생을 관리하게 되었다. 등원한다는 소문이 퍼지자 해당 학교 아이들이 불안과 걱정을 했다. 그 남학생은 권력에 대한 소유욕이 강했고, 자신을 통제하려고 드는 것에 분노했다. 스스로 센 주먹을 가지고 있다고 생각했고, 그것을 과시하는 것에 대해 자랑스러워하는 영락없는 사춘기 문제 소년이었다. 친구에게 폭력을 행사하여 어머님이 뒷수습을 종종 해야 했고, 여러 해 동안 일어난 자잘한 사건 사고로 어머님께서는 이미 많이 지쳐 있었다. 보통 이런 상황의 어머니들은 아이가 이렇게 자란 것에 대한 책임을 고스란히 본인에게 돌린다. 무너지지 않으려고 애쓰는 어머님의 마음이 고스란히 느껴졌다.

자식을 포기하는 부모는 없다. 방문하신 어머님에게 그간 관찰한 내용과 사견을 보태 전달했다. 아이가 가진 남다른 큰 배포와 자신감, 아버지에 대한 존경심, 가족을 생각하는 마음과 기질적으로 가지고 있는 리더의 자질을 말씀드렸다. 이 아이가 사회에 나가면 '모 아니면 도'다. 그래서 우리가 큰 사람으로 만들어야 한다고 직언도 했다. 그만큼 아이에 대한 믿음과 애정이 듬뿍 담겨 있었기에 할 수 있는 말이었다. 후에 어머님은 본인도 지쳐 기대감이 사라져 가는 자신의 아이를 '어떻게 혈육도 아닌 사람이 이렇게나 애정과 진심을 가지고 열정을 다 할 수 있는가'라고 생각했다고, 엄마로서 반성을 많이 했다는 문자를 보내주셨다.

조금 더 속 얘기를 할 수 있게 되면서 어머님은 자신의 삶에서 아이가 잘되는 일은, 남편에게 아내로서 잘하고 있다는 인정을 받을 수 있는 결과물과 같다고 했다. 어머님의 진심 가득한 이 말은 자녀의 성공이 부모의 삶에 어떤 의미이자 가치가 될 수 있는지 깊게 생각해 볼 수 있는 계기가 되었다. 물론, 자녀와 자신의 삶을 구분하지 못하는 모습일 수 있기에 옳은 생각인지는 모르겠다. 다만, 부모가 가지는 생각이 자신의 삶을 정의하는 프레임이 될 수 있다는 사실이 나에겐 큰 울림이었다. 이런 대화의 흐름은 서로에 대한 이해를 넘어서 감동의 경험이 되고, 삶에 있어서 큰 통찰력을 얻게 된다.

새로운 근무지가 공사에 들어가면서 6개월 정도 법인 본사에서 일하게 되었다. 빠르게 돌아가는 현장 업무와 달리 정적인 일들을 하게 되어서인지 근무 초반에는 이렇게 일하고 월급을 받는 게 정당한가란 생각마저 들었다. 스스로 존재감을 뿜어낼 수 있는 일을 해야 당당히 월급을 받을 수 있다고 생각하며 사는 고지식한 사람인지라 밥값이 되는 일을 해야 했다. 그래서 사람들을 좋아하고 대화하면서 에너지가 솟는 나를 최대한 활용해 볼 수 있는 일을 구상해 보았다.

'성찰 시간'과 '도전할 용기'는 일할 때 가장 필요하다. 하지만 혼자서 성찰을 하는 일은 쉽지 않다. 게다가 용기를 가지고 도전해야 하는 일은 더더욱 어렵기에 마음속에 품고만 있을 확률이 높다. 이 과정을 함께할 코치가 꼭 필요하다. 회사 내에 성장의 갈림길에 서 있으며 도움이 필요한 사람들을 선발하여 코칭 주제를 선택하도록 했다. 코칭 후 두 단계를 성장할 수 있다는 의미의 '2스텝 코칭'이란 멋진 이름과 함께 강점 코치의 맞춤 프로그램을 시작했다. 코칭 전에 갤럽의 강점 검사를 하도록 하고 그것을 바탕으로 성향을 고려하여 주제별 질문을 만드는 데 많은 시간을 쏟았다.

질문을 통해 참가자가 어려움을 겪고 있는 부분을 직면하게 하고, 자신이 가진 강점들을 충분히 활용할 수 있는 방법을 생각해 내도록 도왔다. 아이디어가 떠오르지 않을 때는 나의 팝업 아이디어를 슬쩍 넣어서 도전할 수 있게 하였고, 의미 있는 결과물을 얻어내도록 함께 했다. 생각에만 머물러 있었던 것을 시도해 봄으로써 참여자들은 새로운 경험을 하게 되었고, 일에 대한 에너지가 높아졌다. 두 달 동안 자신들에게 당면한 문제들을 새로운 시각으로 바라볼 수 있었고, 기존과는 다른 접근으로 문제를 해결한 경험이 큰 도움이 되었다는 피드백을 남기며 2스텝 코칭은 성공적인 마무리를 했다.

임상경험이 풍부한 의사일수록 명의가 될 확률이 높다. 365일 중 362일을 일해도 에너지가 떨어지지 않았던 그 시절, 다양한 사람들을 만나고 성찰하며 가진 시간 덕분에 마음을 열게 하는 대화를 할 수 있는 코치가 되었다.

내부에 숨어있는 진짜 자신과 마주할 수 있는 좋은 질문을 준비하는 것이 내가 준비하는 대화의 시작이다.

갤럽이나 태니지먼트의 강점 진단을 사용하여 준비하면 더 좋은 질문을 만들 수 있다. 공감력과 직관이 더해지는 나만의 코칭 대화가 이어지고, 준비된 질문들이 상대의 마음을 파고들기 시작한다. 이것이 나의 강점이 만들어지는 시점이고, 영향력이 되는 순간이다.

강점은 마음에서 시작된다.
마음이 바라는 것을 이루기 위해 끊임없이 학습하며
행동하고 노력하면 강점으로 자라난다.
원하는 인생을 살기 위해 강점을 찾아 활용하는 사람은
변화를 피할 수 없다. 자신도 인생도 달라진다.
강점을 사용하면서 성장한다.

바람, 학습, 행동

차휘진

강점이 어렸을 때부터 혜성처럼 강렬하게 빛나면 참 좋을 텐데, 내 경우는 그렇지 않았다. 강점이 숨어 있었고, 눈에 띄는 강점이 되기까지 오랜 시간과 노력이 필요했다.

달성. 성취하고 이기고 싶은 마음에서 달성 강점이 시작됐다. 원하는 것을 달성하기 위해서 집중하고, 학습하고, 실천하면서 강점으로 빛나기 시작했다.

어릴 때부터 승부에서 지는 게 싫었고, 잘하지 못하는 게 드러나면 괴로웠다. 그래서 이기지 못할 승부나, 못하는 것을 해야 하는 상황을 어떻게든 피했다. 반대로 이기거나 무언가 잘 해내면 그렇게 뿌듯할 수가 없었다.

초등학교 4학년 학예회 준비 기간에는 참 괴로웠다. 특별히 잘하는 게 없고, 망가지기는 싫고, 자신감도 없었다. 춤이나 연극 같은 건 못하니까 절대 안 하고 싶었다. 그렇지만 학예회에서 한 가지는 꼭 해야 했기에, 고민하다 퀴즈쇼를 진행했다. 망신당하지 않을 방법을 궁리하다 찾아낸 대안이었다. 무난하게 마치고 안도했던 기억이 있다.

10대까지는 달성하기 어려운 것을 피하려 필사적이었고, 20대부터는 달성해내려고 어마어마한 학습과 노력을 했다. 어떻게 하면 더 잘할 수 있을지, 망하지 않을지, 원하는 바를 이뤄낼 수 있을지 고민하고, 질문하고, 책이나 영상을 찾아 공부하며 방법을 찾아 나섰다. 업무에 도움 되는 책이나 강의, 코칭 기회는 늘 우선순위에 뒀다.

원하는 것이 있으면 결과든 상황이든 물건이든 간에 어떻게 얻어낼 수 있을지 계속 생각했다. 가능한 것은 최대한 실행에 옮겼다. 목표가 있으면 부담감과 스트레스가 있긴 하지만, 이뤄내고 싶어서 마음이 불타오른다. 목표만 보이고, 목표를 이루기 위한 과정이 신난다. 달성하기 위해 공부하는 것도 신났다. 하고 싶은 게 많아서 제한된 시간 안에 어떻게 다 해낼 수 있을지 늘 생각한다. 목표에 집중하면 다른 것은 잘 보이지도 않고, 때로는 일부러 쳐내기도 한다. 성취하기로 한 것 외에 다른 것은 자발적으로 포기한다. 시간, 에너지, 재정 모두 달성을 위해 사용한다.

계획. 계획은 달성하기 위해 궁리하다 자라난 강점이다. 하고 싶은 것이 많다 보니, 시간상 다 할 수 없어, 자연스럽게 날짜나 시간을 배분하기 위해 계획을 세우게 됐다. 고등학생일 때는 숙제를 깜빡하고 혼나는 것이 싫어서, 다이어리에 날짜별로 숙제 제출 기한을 기록

하고 관리했다.

할 일이 많을 때는, 집중해서 달성할 순번을 정하는 것을 가장 먼저 했다. 대략적으로라도 계획을 세우고 순서를 정하면, 이렇게 하면 되겠다는 생각이 들어서 안정됐다.

목표, 업무, 시간, 생활 등에 대한 계획을 더 잘하려고 관련된 강의를 듣거나, 책을 종종 찾아봤다. 내용을 잊어버리고 적용하던 것을 잊어버리거나 습관이 무너지면 복습한다. 종이책을 사두고 전자책도 결제해서 늘 필요할 때 바로 본다.

원하는 것에 집중하기 위해서 에너지를 어떻게 사용할지도 계획하고 관리했다. 시간이 남아도 지쳐서 아무것도 하지 못한 경험이 있었기 때문에, 같은 일을 예방하고자 할 일과 일정의 감정적, 신체적 에너지 소모 정도를 고려해서 순번을 배치했다.

행동. 행동은 이상적인 나 자신에 도달하고, 원하는 것을 달성하기 위해서 자라난 재능이다. 행동하지 않고는 이상과 목표에 가까워질 수 없었다. 발전하고 싶고, 상황을 개선하고 싶은 마음이 간절해서 나도 모르게 행동이 빨라졌다.

업무상 우선순위가 높거나, 이상과 가까워질 수 있다는 확신이 드는 일은 가능한 서둘러 실행했다. 행동으로 옮기지 않으면 계속 생각이 나서 움직일 수밖에 없었다.

성장과 발전에 관련된 기회를 잡을 때는 특히 빨랐다. 목표 달성에 도움이 되고, 필요한 강의를 발견했을 때는 중요한 일정과 겹치지만 않으면 온라인이든 오프라인이든 바로 결제하고 수강했다. 그렇게 행동할 때 즐겁고, 의욕과 에너지가 불타올랐다. 살아있다는 것을 느낄 수 있었다.

유연. 유연은 임기응변을 잘하고 싶다는 어린 시절부터의 욕구에서 시작되었다. 어렸을 때 혼나기 싫어서 빠져나갈 방법을 궁리할 때가 많았다. 누군가 화내면 머릿속이 얼음처럼 굳어지면서 말과 행동이 자연스럽지 않았다. 그런 경험을 할 때마다 유연하게 대처하고 싶은 갈망이 자라났다. 영화나 드라마, 책, 주변에서 유연하게 대처하거나 말을 재치 있게 하는 사람들을 보면 나도 저렇게 되고 싶다고 생각했다. 그리고 누가 시키거나 알려주지 않아도 모방하게 되었다.

자연스럽게 책이나 강의를 통해 대인관계나 말에 관해서 공부하게 됐는데, 유연한 대처를 궁리하고 적용하면서 강점으로 자라났다. 유연성 있는 대처에 관련된 영상도 종종 찾아서 보고 있다. 무언가 걱정하는 상황이 있으면 유연한 대처 방안을 늘 생각했다. 그리고 그게 최선인지 다시 생각했다. 언제든 유연하게 대처하기 위해서 머리를 많이 굴렸다.

대처 과정과 결과가 만족스럽지 못한 경우가 있으면 어떻게 하면 더 좋았을지 생각한다. 더 나은 답을 찾으면 다음에 그렇게 하겠다고 다짐했다.

이제는 말을 점점 더 잘하게 된다는 말을 듣거나, 얼마나 더 노련해지려고 그러냐, 사회생활 잘한다는 말을 듣기도 한다.

신중. 평화롭고 즐겁게 살고 싶었다. 그래서 문제를 예방하고 싶은 욕구가 컸다. 위기 대처를 유연하고 탁월하게 해내고 싶은 마음도 컸지만, 가장 좋은 것은 문제가 발생하지 않는 것이기에 신중하게 고민하는 시간도 많았다.

업무, 관계, 생활 어느 분야든, 어려운 상황을 겪으면 다음부터 이런 일을 겪지 않으려면 어떻게 해야 할까 종종 생각했다. 그리고 도움이 되는 책을 찾아보거나, 지혜를 구할 때가 많았다.

문제가 발생하지 않도록 도와주는 환경은 무엇일지 고민해보고, 가능한 것은 추진했다. 말할 때 상황에 적절한 표현을 찾기 위해서 생각하기도 하고, 원하는 상황을 만들기 위해서 언행을 주의한 경우가 많았다. 어떻게 하는 게 더 지혜로운지, 안전하게 원하는 것을 얻기 위해 어떻게 해야 할지 늘 생각하고 고민했다.

반복. 좋아하는 것에 푹 빠지다 보니 나도 모르게 반복하고 있었다. 좋아하는 영화는 거의 외울 때까지 반복해서 봤다. 마음에 드는 풍경을 발견하면 시간이 될 때까지 바라보거나, 좋아하는 작가가 생기면 그 작가의 책은 다 찾아서 보기도 했다.

그러다가 반복을 꼭 좋아하는 것에만 쓰지 않아도 되겠다, 내가 원하고 필요한 것에 '반복'을 사용하면 나는 뭐든지 해낼 수 있겠다는 생각이 들었다. 될 때까지 반복하면 되니까.

이렇게 찾아낸 반복 강점을 자신 없어서 오랫동안 시도하지 않았던 일들에 사용하고 있다. 어려운 과제가 있더라도 반복하면 얼마든지 할 수 있다고 떠올리고 나면 안심이 되었다. 지금은 어려운 것이 있으면 무엇을 어떻게 반복할지 방법을 생각하고 찾는다.

반복하면 할 수 없던 것도 가능하다고 생각하니 예전에 비해 초조함, 조급함, 막막함이 많이 줄었다. 작심삼일이 되더라도 반복을 누적하다 보니 결국에는 발전했다.

강점은 마음에서 시작된다.
마음이 바라는 것을 이루기 위해 끊임없이 학습하며
행동하고 노력하면 강점으로 자라난다.
원하는 인생을 살기 위해 강점을 찾아 활용하는 사람은
변화를 피할 수 없다. 자신도 인생도 달라진다.
강점을 사용하면서 성장한다.

태도에 따라 강점의 영향은 달라진다

우근영

스물두 살에 직장생활을 시작해서 입사 3년 만에 승진하며 리더의 역할을 맡게 되었다. 당시 나보다 어린 팀원은 없었고, 쟁쟁한 선배들도 있었기에 잘해야 한다는 부담감은 상당했다. 흠을 잡히지 않아야 내가 지시하는 것을 그들도 따라 주겠다는 판단에 업무 매뉴얼과 스탠다드를 공부하고 몸에 익혔다. 내가 완벽하게 하면 불평이 없을 것이라는 짧은 생각이었다. 철저하게 업무 매뉴얼과 스탠다드를 지키려 할수록 유연함은 없었다. 그만큼 팀원들과 거리도 멀어졌다. 그 거리가 많이 불편하기도 했고, 나도 내 팀원들에게 인정받는 리더이고 싶었다. 팀원들에게 사비로 간식을 사주기도 하고, 퇴근 후 삼겹살에 소주를 사며 가까워지려고 했다. 업무 시간 중 이것저것 챙겨주며 호의를 보이기도 했지만 내가 생각한 대로 되지 않았다. 매년 받아야 하는 평가에서도 '일은 잘하는데, 독단적이다'라는 형태의 공통적인 피드백이 자주 포함되어 있었다. 팀원들의 피드백도 비슷했다. 상사와의 평가 면담에서는 늘 나의 성과보다 부족한 부분에 대한 피드백을 받으며, 나름대로 억울한 감정도 들었다. 짧은 면담 시간에 모든 것을 설명하고 이해를 시킬 수도 없었다. 솔직히 내가 이렇게 해 주니 회사에서는 편하지 않냐는 반박도 하고 싶었다. 그렇지만, 조직 생활에서 성장하려면 단점이라고 지적받은 부분들에 집중하고 개선해야 한다고 생각하며 나를 바꾸기 위해 노력했다.

그런데 이런 단점은 내가 강점을 발현시키는 '태도'와 연관이 있었다. 강점 코칭을 받기 전에는 알 수 없었던 내용이다. 강점에서 태도라는 것은 통로와 같은 역할을 한다. 강점이 부정적으로 발현되는지 긍정적으로 발현되는지는 태도에 의해 결정이 된다. 업무에서의 성급함은 '창조' 강점이 부정적으로 발현된 경우이다. 강점은 내가 가진 것에 집중하고, 부족한 강점은 그것을 채우기 위해 굳이 애쓰지 않아도 된다. 하지만 태도는 다르다. 부족한 부분은 반드시 보완하고 채우도록 노력해야 하는 영역이다.

내가 들어왔던 '일은 잘하는데 독단적이다', '특정 인원을 편애한다', '성급하다'라는 평가는 '추진' 강점이 부정적으로 발현이 된 경우다. 여기에 영향을 준 것은 공정과 관용의 태도가 부족했기 때문이다. 공정함이 부족한 태도로 기준만을 주장하거나 상황을 고려하지 않은 원칙을 고수하며 융통이 없다는 평가를 받았다. 팀원들과 관계도 이 때문에 어려워졌다. 또, 내가 동의하지 않는 의견이나 행동을 받아들이기를 싫어하고, 상대의 실수에 쉽게 화를 내는 것은 관용적 태도 부족이다. 독단적인 의사결정과 업무 추진을 한 것이다.

상사나 팀원들의 피드백은 중간관리자 위치에 있는 사람들에게는 늘 고민된다. 인사고과에 직접 반영되지 않더라도 커리어 평판과 연결되기 때문이다. 그래서 때로는 성과를 내는 것보다 더 민감하게 반응하게 된다. 그리고 성공하기 위해 균형을 잘 잡아야 하거나 자신에 대한 부정적인 피드백도 받아야 한다고 들어왔다. 나 역시 15년이 넘는 시간 동안 크고 작은 리더 생활을 하며 부정적인 부분을 보완하고자 무척 애를 썼다. 처음에는 '사람이 달라졌다'라거나, '약해졌다'라는 평가가 싫었다. 하지만 결국 조직 생활과 삶은 어떤 형태로든 관계를 맺고 살아가기 때문에 포기할 수 없었다. 자기계발, 리더십과 관련되는 책들과 강의를 접하며 실제로 많은 개선이 있었다. '동기부여' 강점을 통해 팀 내에서 다양한 교육을 진행하고, 후배들 양성에 힘썼고, 업무적 성과에도 도움을 받았다. 하지만 독단과 성급함이라는 단어는 늘 따라다녀 한편으로는 그냥 받아들이고 바뀌지 않는 것은 어쩔 수 없다고 생각하게 되었다. 무엇이 잘못되었는지 알겠는데, 해결할 방법을 정확히 알지 못했다. 강점이 태도와 연결되어 표현되는 방법이 부정적일 수 있다는 것을 알 수가 없었기 때문이다.

강점 검사를 하고 강점 코칭을 받게 되면, 보완이 필요한 태도에 대해 객관적인 지표와 상황을 알 수 있게 된다. 나 역시 강점 검사 결과에 따른 태도를 확인하고 그동안의 답답함이 해소되었다. 이후 조직 내에서 의사결정을 할 때 상황과 원칙을 구분해서 판단했다. 주변에 다른 조직이나 팀원들이 억울하다고 생각될 수 있는 결정을 예방하기 위해 최대한 의견을 모으고 동의를 구했다. 나와 함께 일하며 팀원들은 실수가 발생하는 것을 두려워했다. 그래서 내가 실수했을 때 받았던 다양한 이해와 용납의 순간들을 떠올리며 의사결정에 반영했다. 그리고 되도록 모든 상황에 대해 솔직하게 이야기했다. 리더라고 해서 무조건 완벽할 수 있는 것도 아니고, 이상적인 리더의 모습은 한 가지 유형으로 정해질 수도 없다고 판단했기 때문이다.

강점을 알고, 이것을 표현하는 태도를 객관적으로 이해하면서 나 역시 유형적인 틀에서 벗어날 수 있는 멋진 경험을 하게 된 것이다. 그 덕분에 우리 팀은 퇴사율이 낮고, 좋은 성과를 내는 것은 물론이고, 늘 새로운 것을 시도하며 활기차게 움직이는 곳이 되었다.

태도는 강점의 차이가 만드는 만큼의 큰 차이를 만들지 못한다. 재능이나 강점의 부족한 부분을 대체할 수도 없다. 그러나 태도는 강점을 발현시키는 데 아주 중요한 요소다. 좋은 태도 자체가 탁월한 강점을 만드는 것은 아니다. 하지만 좋지 않은 태도는 탁월한 강점을 나타낼 수 없는 것이 분명하다. 태도가 만드는 차이는 완전히 다른 결과를 만든다. 태도에 따라 몰락할 수도 있고 그렇지 않을 수도 있다. 때에 따라서는 태도 자체가 중요한 강점이 되기도 한다. 강점을 더욱 잘 활용할 수 있는 태도는 상황과 사람에 영향을 받는다.

그러므로 강점을 무력화시키는 태도가 있다면
반드시 내 주변 환경과 사람들에게 주의를 기울이고
도움을 받으며 개선할 수 있도록 노력해야 한다.

강점은 어떻게 나만의 무기가 되는가

김재은

재능에 대해 흔히 하는 오해가 있다. '피아노 신동'이나 '과학 영재'처럼 특정 분야에 어릴 적부터 두각을 나타내는 특별한 능력만 재능이라는 생각이다. 그 탓에 많은 사람이 스스로 재능이 없다고 여기면서 평생 살아간다. 물론 한 눈에 알아볼 수 있는 재능을 가진 사람은 흔치 않다. 하지만 누구나 욕구와 함께 재능을 갖고 태어난다. 재능은 특정한 일을 잘하는 능력만을 말하는 게 아니다. 어떤 일을 할 때 자연스럽게 잘할 수 있는 타고난 조건에 가깝다. 재능을 발견하는 방법 중 하나도 다른 사람 때문에 답답했던 기억을 떠올리는 것이다. "이렇게 쉬운 걸 저 사람은 왜 못할까?"라는 생각이 드는 일은 나의 재능일 가능성이 크다. 나에게는 당연한 일이 모두에게 그렇지 않다는 것을 깨달으면, 내가 잘하는 일로 다른 사람에게 기여할 수 있는 부분들도 보이기 시작한다.

강점 코칭을 하면서 가장 많이 듣는 말 중 하나가 "이게 재능인 줄 몰랐어요!"다. 나도 처음 강점 진단을 받고 재능에 대한 설명을 들었을 때 똑같이 말했다. "이게 재능이라니?" 나는 늘 인복이 많다고 생각했다. 내 커리어는 학창 시절 동아리부터 각종 모임, 일터에서 만난 인연들 덕분에 이어져왔기 때문이다. 다양한 사람들과 좋은 영향을 주고받으며 성장해 온 덕분에 지금의 내가 될 수 있었다.

그런데 태니지먼트 진단 결과, 사람들과 깊이 있는 관계를 추구하는 '친밀'과 폭넓게 교류하고자 하는 '사교'는 나의 타고난 재능이었다. 곁에 있는 사람을 응원하고 성장을 도우면서 보람을 느끼는 '양성' 재능은 최상위에 있었다. 그밖에 '창의', '몰입', '행동', '공감' 같은 재능들이 합해져서 '동기부여'와 '외교'라는 강점으로 나타나고 있었다. 인복은 단순한 행운이 아니었다. 지금까지 인연을 맺은 사람들이 모두 잘 되기를 바라고, 진심으로 응원하는 나의 재능들이 작동한 결과였다.

계속 다양한 사람들을 만나고 새로운 일을 벌이는 나를 보며 남편은 "그 많은 일들을 어떻게 다 할래?"라며 걱정하곤 했다. 예전엔 그런 말을 들으면 "그러게, 내가 또 사서 고생이네……"라며 자책하기도 했다. 하지만 재능과 강점을 인식한 뒤로는 달라졌다. 이제는 "잘 되겠지. 지금까지 잘 해온 것처럼!" 하면서 스스로를 응원한다. 각양각색의 재능과 강점을 가진 사람들과 함께 머리를 맞대고 문제를 해결하는 게 나의 강점이자 성공 방식이란 것을 잘 알기 때문이다. 물론 강점을 긍정적으로 쓰기 위해서는 주의해야 할 태도들도 있다. 시간과 에너지는 한정되어 있는 만큼 가장 중요하고, 의미 있고, 즐거운 일에 집중적으로 쓰고 나머지는 절제하려고 노력한다.

말콤 글래드웰은 저서 《아웃라이어》에서 "성공하기 위해서는 1만 시간의 노력이 필요하다"고 주장했다. 하지만 '1만 시간의 법칙'은 절반만 맞다. '1만 시간'은 바로 재능이란 씨앗에 물을 줘서 탁월한 성취를 꽃피우기 위한 노력을 뜻하기 때문이다. 재능의 씨앗을 발견한 뒤 열매를 맺을 때까지는 오랫동안 공을 들여야 한다. 그런데 그 과정이 참고 견뎌야 하는 고통스러운 시간만은 아니다. 강점은 욕구에서 비롯되었기 때문에 활용하는 것 자체로 만족과 승리감을 맛볼 수 있기 때문이다. 다른 사람들이 도중에 포기하는 일을 꾸준히 해내고 있다면 재능을 활용하고 있을 확률이 높다. 재능과 연결된 욕구는 노력을 지속할 수 있게 하는 원동력이다. 그래서 내가 자연스럽게 끌리고 계속해서 더 잘하고 싶은 일이 뭔지 아는 게 중요하다. 나는 '양성'과 '친밀'이 연결된 동기부여 강점에 대한 전문성을 키우고 싶어서 '강점 코치 과정'과 스터디를 시작했다. 회사 업무와 동료들과의 관계에서도 재능을 적극적으로 활용했다. 더 많은 지식과 지혜를 얻고 나를 돌아보기 위한 독서와 글쓰기도 꾸준히 해오고 있다. 하고 싶은 일을 더 잘하기 위해서 바쁘지만 즐거운 마음으로 강점을 개발해 나가고 있다.

열심히 노력한다고 어디서나 강점을 발휘할 수 있는 것은 아니다. 미국의 방송인 오프라 윈프리는 출연자의 마음까지 헤아리며 공감하는 진행 방식으로 '토크쇼의 여왕'이라는 명성을 얻었다. 그런데 그가 방송국에서 기자로 일할 당시에는 '자제력이 부족하고 프로답지 못하다'는 이유로 해고를 당한 적이 있다. 화재 현장에서 생방송으로 아이를 잃은 부모를 인터뷰하는 도중에 질문을 하지 않고 함께 눈물을 흘렸기 때문이다. 객관적인 보도가 우선인 언론사에서 다른 사람의 슬픔에 깊이 공감하는 그녀의 재능은 자제해야 할 약점이었다. 하지만 오프라 윈프리는 그 사건 이후 강점을 마음껏 펼칠 수 있는 토크쇼로 눈을 돌려 세계에서 가장 영향력 있는 방송인 중 한 명이 되었다.

강점을 발휘해서 인정받을 수 있는 환경을 찾으려면 직접 부딪혀서 경험해 보는 것이 가장 확실하다. 시행착오를 통해서 나에게 가장 잘 맞는 환경과 성공 방식을 깨달을 수 있기 때문이다. 경영사상가 피터 드러커는 "목표를 달성하는 사람은 강점을 바탕으로 성과를 낸다. 약점을 기반으로 성과를 올릴 수는 없다."고 말했다. 바꿔 말하면, 강점은 재능을 활용해서 내가 가장 성과를 잘 낼 수 있는 고유한 방식이다. 인생에는 나를 지켜주고 힘이 되는 무기가 필요하다.

강점은 내가 가장 잘 쓸 수 있는 강력한 무기다.
삶의 여정에서 만나는 다양한 문제들을 해결하면서
재능을 발견하고, 재능을 갈고 닦는 노력을 기울이면,
나만의 무기를 만들 수 있다.

강점을 발견하는 네 가지 창문

이재욱

2022년 1월. 태니지먼트 강점 디브리퍼 과정을 시작으로 그 해 3월 코치과정에도 입문하게 되었다. 태니지먼트TANAGEMENT는 Talent+management의 합성어로 강점 검사를 통해 자신의 강점을 발견하고 그 강점을 발전시켜 나갈 수 있도록 돕는 강점 검사 도구다. 현재는 과정이 조금 변경되었지만, 당시 과정을 간략히 살펴보면 디브리퍼 과정은 검사지를 바탕으로 개인의 강점을 해석해주는 디브리핑을 배우는 과정이다. 디브리퍼는 이 디브리핑을 하는 사람을 뜻한다. 코치 과정은 강점 코치가 되는 과정이다. 강점 코치는 개인의 강점을 이끌어주고 개발을 도와주는 사람이다. 일반적으로 코치란 상대방을 신뢰하고 그가 가진 잠재 능력을 발휘할 수 있도록 기회를 주고 도와주는 것을 말한다. 고객이 가진 문제나 이루고 싶은 목표를 이룰 수 있도록 조력자의 역할도 한다. 강점 코치는 더 나아가 개인만이 가지고 있는 강점을 발견하고 인지할 수 있도록 하고, 이 강점을 활용하여 문제를 해결할 수 있도록 돕는다.

강점 코치 과정에서는 강점을 해석해주는 역할을 넘어 강점 검사를 하지 않은 사람에게도 강점을 발견할 수 있도록 돕는 방법을 배운다. 검사를 받지 않은 고객들도 강점을 발견할 수 있도록 도와야 하기 때문이다. 이 중 하나가 '조하리의 창'이라고 하는 자기 인식 강화 방법이다.

'조하리의 창'은 열린open 창, 보이지 않는Blind 창, 숨겨진Hidden 창, 미지의Unknown 창 4가지로 구성된다.

첫 번째, 열린 창은 말 그대로 자신도 알고 다른 사람도 아는 나의 강점을 의미한다.

두 번째, 보이지 않는 창은 나는 모르는데 주변 사람은 아는 나의 강점을 의미한다. 이 열린 창과 보이지 않는 창은 대개는 칭찬을 통해 인지할 수 있다. 내가 지인에게 많이 들었던 칭찬 또는 듣고 싶은 칭찬을 통하여 나의 강점을 인지해 보는 것이다. 나의 경우는 '긍정적이다, 도전적이다, 열정적이다, 행동력 있다, 사교적이다'와 같은 칭찬을 많이 들었고, 이러한 칭찬을 들을 때 기분이 좋다. 실제로 나는 긍정적인 면을 보려고 노력한다. 타고난 기질인지 노력의 결과인지 긍정적인 부분이 많이 보이기도 한다. 예상치 않은 결과나 일이 벌어져도 크게 당황하지 않으며, 거기에 맞춰 대응해 나가고 즐거움을 찾는 유연함의 강점도 지녔다. 새로운 사람을 만나고 이야기하는 것에 큰 어려움이 없으며 오히려 새로운 만남을 즐기는 경향도 있다. 도전하고 경험해 보는 것도 좋아해서 국내 자전거 여행, 풀코스 마라톤, 수

영 접영 마스터 등 여러 흥미로운 일들에 도전하고 목표를 성취해 내기도 했다. 아내와 신혼여행도 도전(!?) 중 하나였다. 일반적으로 가는 휴양지는 나중에도 갈 수 있으니 가기 힘든 곳으로 가보기로 한 것이다. 그렇게 정해진 목적지가 바로 남미이다. 페루를 거쳐 마추픽추를 구경하고, 드넓은 사막 바닥에 비친 하늘 사진으로 유명한 우유니 소금사막을 가기로 했다. 몇몇 지인들은 신혼여행으로 커다란 배낭을 짊어지고 환경도 열악한 남미 여행을 한다는 것에 혀를 내둘렀다. 하지만 너희 커플이니까 가능하다고 이야기하기도 했다. 아내는 나와 조금 다른 성향을 지닌 부분이 있다. 바로 완벽주의 성향이다. 계획이 틀어지면 상당히 스트레스를 받는다. 그래서 계획이 틀어지는 경우를 생각해서 2안, 3안까지도 생각한다. 덕분에 나는 남미 여행을 조금 수월하게 다녀왔다. 아내가 여행경로를 다 계획하고 미리 인터넷을 통해 예약 및 블로그를 검색해 가며 이동 수단도 알아두었기 때문이다. 하지만 처음 가는 남미 여행이 다 계획대로 되지 않는 건 어쩌면 당연한 일이다. 2안, 3안을 세워도 틀어지기 마련이다. 이때 나는 긍정과 유연함의 강점을 가지고 아내의 심리를 관리해 주었다. 사실 계획치 않았던 곳에서 더 멋진 풍경을 보고 맛집을 경험하고, 추억을 만들기도 했다. 아내는 나와 함께 생활하며 조금씩 완벽주의 성향을 내려놓고 적절히 유연함을 갖추어 가고 있다고 했다.

세 번째, 숨겨진 창은 나는 알지만 다른 사람은 모르는 나의 강점을 의미한다.

네 번째, 미지의 창은 자신도 주변 사람도 모르는 나의 강점을 의미한다.

이 세 번째, 네 번째 창에 해당하는 강점은 분노했던 경험을 통해 알아볼 수 있다. 분노한 경험에서 나의 강점을 찾을 수 있다는 말이 처음에는 의아하게 들릴 수 있다. 나도 그랬으니 말이다. 처음 이 이야기를 들었을 때 아주 신선했다. 관점을 달리 보는 것만으로 강점을 알 수 있는 힌트가 되기 때문이다.

"아 왜 저 사람은 행동하지 않고 고민만 하지?"

"아 왜 저 사람은 계획도 없고 일정을 자꾸 변경해?"

"아 왜 저 사람은 일만 잔뜩 벌여놓고 마무리를 안 짓는 거야?"

최근 답답했던 일이나 사람을 떠올려 보면 이와 같은 불만들이 생각날 수 있다. 그런데 이러한 불만들을 조금만 달리 생각해 보면, 나에게 해당 강점이 있으므로 그러한 행동이나 사람이 답답하게 느껴지고 화가 난 것이다.

행동하지 않고 고민만 하는 사람에게 답답함을 느꼈다면 나는 행동력의 강점을 지녔을지 모른다. 계획도 없고 일정을 자꾸 변경하는 사람에게 답답함을 느꼈다면 나는 계획적으로 행동하고 다른 사람에게 예측 가능성을 제공하는 강점을 지녔을지 모른다. 일만 잔뜩 벌여놓고 마무리를 짓지 않는 사람에게 답답함을 느꼈다면 상대는 일을 빠르게 우선 진행해 보는 추진력의 강점을, 나는 세세한 부분까지 신경을 써가며 마무리 짓는 완성의 강점을 지녔을지 모른다.

나는 이 답답함의 경험을 떠올렸을 때 나의 상사들이 떠올랐다. 나는 회사에서 전기 엔지니어로 제품 연구개발 업무를 수행하고 있다.

상사들은 업무 지시를 할 때, 실험의 배경과 목적설명 없이, 어떤 데이터를 언제까지 가져오라고 한다. 실험을 진행하는 연구원도 그 실험에 대한 배경과 목적을 알면 어떤 데이터를 뽑아야 하는지 인지할 수 있고, 데이터를 정리할 때도 그 목적에 부합되고 알아보기 좋게 정리할 수 있다. 부가적으로 도움되는 다른 환경요소나 변수들도 기록해 둘 수 있다.

그런데 매우 급하게 일정과 데이터만 요청하는 경우가 빈번했고 이러한 부분이 분노까지는 아니지만, 불만의 경험으로 떠올랐다. 이 '조하리의 창'의 개념을 알고 나니 내가 동기 부여의 강점이 있으므로 그렇지 못한 나의 상사들에게 불만이 생겼다는 걸 알게 되었다. 그리고 이 불편한 부분이 바로 내가 조직에 기여할 수 있는 부분이란 사실도 알게 되었다. 이후 나는 같이 일하는 동료나 인턴에게 업무 지시를 할 때, 데이터의 필요 배경과 목적을 알려주고 있다. 나에게는 강점에 해당하는 부분이라 그렇게 많은 에너지가 소모되지 않고, 내가 원하는 형태로 데이터를 받을 수 있어서 일 처리도 수월함을 경험하고 있다.

이 네 개의 창의 영역에 해당하는 나의 강점을 조금 더 알아보는 방법이 있다. 바로, 몰입 경험이다. 몰입이란 시간 가는 줄 모르고 무언가에 깊이 빠져든 경험이다. 나도 모르게 스스로 기꺼이 즐겁게 한 일인 것이다. 쇼핑, 도박, 게임을 제외한 몰입 경험을 떠올려 보면 내가 어떠한 강점이 있는지를 알 수 있다. 재능이나 강점이 없으면 몰입하기 힘들기 때문이다. 대개는 자신도 모르고 타인도 모르는 강점인 미지의 창을 발견할 수 있는 열쇠가 몰입이다. 엑셀로 어떠한 일을 단순화시키기 위한 포맷을 만드는 것에 나도 모르게 몰입했다면, 단순화의 재능이나, 창조의 강점을 지녔을 수도 있다.

이 조하리의 창은 열린 창이 다른 창들에 비해 계속해서 넓혀져 가는 것에 목적이 있다. 결국, 열린 창이 넓혀져 간다는 것은 내가 알고 있는 강점들이 많아진다는 것을 의미하기 때문이다. 그렇게 내가 알고 있는 강점이 많아지면 그 강점을 개발하고 발전시켜 나갈 기회가 더 많이 주어지고 탁월한 삶을 살아갈 가능성이 더 커진다.

강점은 만들어지기보다 이미 내 안에 존재하고 있다. 우리는 나만의 강점을 발견하기 위해 노력해야 한다. 조하리의 네 가지 창을 통하여 나를 들여다보자. 당신이 받은 칭찬과 분노 경험, 몰입 경험에는 반드시 당신만의 특별한 강점이 녹아 있다.

단, 창문 안을 들여다봐야만 보일 것이다. 먼발치에서 구경만 하면 안에 무엇이 들어있는지 알 수 없다. 노력하는 자만이 나의 강점을 찾을 수 있다!

chapter 4

강점 코칭의 실전과 성공 사례

강점은 자신을 보는 시야에서 안개를 걷어내고
진정한 자신을 여는 열쇠다.

나다운 모습으로 탁월하게 살아가기

신경화

강점을 알게 된 후 행복지수, 삶의 만족도가 올라갔다.

전문 코치가 된 후엔 가까운 지인들에게 강점 진단 검사를 권유했다. 우선 독서모임 회원들을 대상으로 강점 진단을 받고 팀 코칭을 진행했다. 강점을 알아야 하는 이유, 발현되지 못하는 이유, 잘 발현되기 위한 강점 개발 방법, 강점을 이용해 앞으로 어떤 일을 하면 좋을지 등의 내용이었다. 개인적으로 시간을 맞추어 개별 코칭도 해주었다. 그 중 한 분이 "나에 대한 칭찬을 듣고 강점 이야기를 하는 것이 처음이라 쑥스럽긴 한데 기분이 좋고 행복해졌어요."라고 했다.

중년여성들의 자기계발 커뮤니티에서 '나의 강점, 나의 업 찾는 법' 특강을 했다. 약 70명이 신청했다. 대부분이 경제적 자유를 위해 자신만의 콘텐츠를 만들고 싶어 하는 분들이었다. 강점이 무엇인지, 어떤 일을 해야 하는지에 대해 많은 관심을 보이고 궁금해 했다. 강의에서 나의 경험을 토대로 강점과 직업 찾는 방법을 가감 없이 알려드렸다. 강점 찾기를 처음 해보아서 어려웠지만 중요하고 의미 있는 시간이었다는 피드백을 받았다. 이후 블로그 후기 잘 써준 분들을 선정해 진단 검사와 1:1 코칭을 재능기부로 해주었다. 몇 분은 유료로 코칭을 신청했다.

재능에 대한 분석과 함께 어떻게 활용해야 하고 강점을 만들 수 있는지, 멋진 재능들을 갖고 있음에도 몰랐던 이유, 잘 발현되지 못했던 이유를 설명했다. 강점 코칭은 단순히 강점을 아는 코칭만이 아니다. 가지고 태어난 재능, 사람들과의 관계에서의 강점, 비즈니스에 필요한 기본적인 소양인 태도 이야기를 하다 보면 그동안 인생에서 잘 풀리지 않았던 문제들의 이유를 알게 된다. 강점 코칭이 아닌 인생 상담이 되기도 한다. 개인 맞춤형으로 부부관계, 자존감, 마케팅 코칭을 진행하기도 했다. 50년을 산 인생의 경험이 소중한 경력이 되어 코칭에도 사용되니 신기하고 감사했다. 재능을 찾을 수 있을지 반신반의하던 분들이 코칭이 끝날 땐 고민하던 문제가 해결되어 만족해하셨다. 블로그 후기에 이전에 받았던 어떤 심리상담보다 좋았다는 피드백을 받기도 했다.

그 중 인상에 남는 두 분의 사례이다.

먼저 근래 퇴직을 하고 '디지털노마드'를 꿈꾸는 분의 사례다. 새로운 일을 하기 위해 여러 가지를 배우고 있지만 강점이 무엇인지 앞으로 무슨 일을 하면 좋을지 궁금해 했다. 강점 진단과 코칭 대화를 통해 '복잡한 문제를 캐치하여 단순하게 정리해 원활하게 진행되도록 돕는 것'이 강점이라는 것을 알게 되었다. 직장생활을 할 때 문제가 생겨 모든 사람들이 우왕좌왕 하는 상황이 여러 번 있었다고 한다. 그때 직접 나서서 이건 A가 맡고 이 일은 B가 맡아서 처리하자는 식으로 정리해주어 잘 처리되었을 때 기쁨과 보람을 느꼈다고 한다. 그러다 팀원들이 다 성장해서 더 이상 일 처리를 해줄 필요가 생기지 않게 되자 별로 신나는 일이 없었다고 한다. 그때는 몰랐는데 지금 생각해보니 그래서 퇴직까지 한 것 같단다. 강점을 더 이상 발휘하지 못하니 존재의 의미가 약해진 것이 몸이 힘든 것보다 더 힘들었던 것 같단다. 이 분 삶의 기쁨은 독서이다. 하루 일과를 마치고 책을 들면 힐링이 된다고 한다. 덕분에 작은 독서모임을 주관하고 있다. 독서모임의 성격을 강점에 맞출 것을 제안드렸다. 일반적인 독서모임이 아닌 문제해결 독서모임. 예를 들어 이번 달은 '시간 관리' 문제 해결을 주제로 잡는다. 시간 관리 관련 책을 매주 선정해서 읽고 솔루션을 내는 식이다. 다른 일을 기획하더라도 '문제해결' 방향으로 잘 구성하면 '직업'이 될 수 있다. 이렇게 강점을 찾고 좋아하는 일에 접목하면 '나만의 업'을 찾을 수 있다.

두 번째는 매우 선한 인상과 마음을 가지신 분을 코칭했다. 재능만 보면 성과를 어마어마하게 내고도 남을 분이었다. 그런데 결과는 전혀 아니었다. 자신감도 없고 결과물도 없었다. 어떤 사연이 있는지 들어보니 환경적인 상황과 함께 부부관계가 매우 좋지 않았다. 죽으려는 마음을 여러 번 먹었으나 아이들 때문에 살고 있다고 할 정도로 힘든 삶을 살았다. 나 역시 미성숙한 나이에 결혼을 하다 보니 비슷한 경험이 있다. 어떤 심정일지 공감이 되었다. 가정이라는 곳이 내가 나답게 살 수 없는 상황이라면 벗어나야 되겠지만 엄마들은 아이들 때문에 그러기가 쉽지 않다. 그냥 참고 사는 것이다. 그러는 동안 속이 시커멓게 탔다. 요즘은 그렇지 않지만 40-50대만 해도 결혼 생활의 실패는 인생의 실패, 낙오자처럼 느껴질 수 있다. 인정받지 못하는 지옥 같은 곳에서 재능을 찾고 펼치는 것은 거의 불가능하다. 그 와중에도 다행히 관심 있는 분야의 여러 가지 자격증을 따 놓았다. 재능 찾기에 앞서 땅에 떨어진 자존감과 자신감을 찾는 것이 먼저다. 재능이 있으니 뭘 해도 잘 해낼 수 있음을 알려드렸다. 앞으로 어떤 상대를 돕고 싶은지, 그분들에게 어떤 도움을 드리고 싶은지, 물으며 앞으로 주력해야 할 일을 함께 찾았다. 이제부터는 그 일을 중심에 놓고 잘 해내기 위한 일들만 하면 된다. 아무거나 배운다고 시간 버리지 말고 필요한 교육만 받는다. 블로그를 쓴다면 해당 주제의 내용을 쓰면 된다. 방향을 잡으니 희망이 생긴다며 울컥하셨다. 나도 덩달아 울컥! 5년 뒤 잘되어서 꽃다발 들고 찾아온다고 하셨다. 벌써 그날을 손꼽아 기다려 본다.

기업에서는 개인의 재능, 강점을 아는 것은 물론 팀에 활용하여 성과를 만드는 것이 목적이다. 우리 팀의 강점을 알아보고 만약 부족한 점이 있다면 어떻게 하면 되는지 상의하여 최상의 팀을 만든다. 최상의 팀이란 팀이 잘 운영되기 위해 꼭 필요한 역할이 있다. 동기부여,

완성, 외교, 조정, 추진, 창조, 탐구, 평가이다. 8가지 역할을 균형 있게 맡아 책임감을 가지고 잘 해내면 된다.

20~30대 대표와 직원들로 구성된 스타트업에서 강점커리어개발 워크숍을 했다. 사전진단결과 사원들의 재능이 8가지 역할에 고루 분포되어 있었다. 문서상으로는 최상의 팀이다. 실제 모습은 어떤지 궁금했다. 균형 잡힌 팀이 되려면 나와 다른 재능을 가진 사람들이 있어야 된다. 때로는 나와 정반대의 재능을 가진 사람들이 필요하다.

예를 들어 창조와 완성은 정반대 개념이다. 창조는 새로운 아이디어를 내는 강점이다. 완성은 하는 일을 완벽하게 완료하는 것이 강점이다. 창조의 강점이 있는 상사가 수시로 새로운 일을 기획하고 시행하도록 지시한다. 완성인 팀원은 하던 걸 끝내기도 전에 새로운 일을 주는 상사가 이해가 안 될 것이다. 창조인 상사 역시 지시에 불만을 갖거나 따르지 않는 팀원이 이해가 되지 않을 것이다. 반대로 역할에 대한 이해가 된다면 나에게 꼭 필요한 사람은 반대의 강점을 가진 사람이다.

워크숍을 통해 전 직원의 재능과 강점, 비즈니스에서 꼭 필요한 기본 소양인 태도에 대해 터놓고 이야기 했다. 어떤 시각으로 보느냐에 따라 상극이 될 수도 있고 최상의 조합이 될 수 있음을 인지하게 되었다. 최상의 팀을 만들기 위해 서로 어떤 역할을 맡아야 하는지 상의해서 결정했다. 자칫 최악의 팀이 될 수 있었지만 개인과 팀의 강점을 이용해 승승장구할 팀이 되었다.

나다운 모습으로 탁월하게 살고 싶다면, 생각만 해도 가슴 벅찬

일을 찾고 싶다면 재능을 찾아 강점으로 만들어라!

강점을 활용하면 인생의 주체가 된다. 나다운 모습으로 인생을 살 수 있다. 스스로를 인정하고 칭찬하고 격려하게 된다. 타인의 칭찬과 인정은 해주면 감사하고 안 해주어도 크게 영향받지 않는다. 자존감이 올라가고 삶에 대한 만족도와 행복감이 높아진다. 앞으로 어떻게 살아가면 되는지, 어떻게 성과를 내야 하는지 알게 된다. 다른 어떤 것보다 쉬운 방법이고 보람과 즐거움이 있다. 타인을 있는 그대로 인정하고 귀하게 여기게 되어 인간관계에도 도움이 된다. 이는 함께 협력해야 성과가 나는 팀을 최강의 팀으로 만드는 데도 큰 역할을 한다.

강점, 더욱 멋진 나로 살고 싶게 만드는 원동력

서성미

"네가 있어 또 힘을 내고, 위로받았어. 너는 더욱 멋진 나로 살고 싶게 만드는 더 멋진 친구야~!!!"

2017년부터 알고 지낸 동갑내기 다둥이 엄마이자 동료에게 받은 코칭 후기입니다. 격주로 진행되는 독서모임으로 이어온 관계였기에 만남의 횟수나 소통의 빈도 면에서 수십 년 된 친구보다 더 끈끈하고 속내를 나누는 사이입니다. 이런 친구에게 받은 코칭 후기라 더 벅차고 먹먹해지는 마음이 올라왔습니다. 책임과 최상화, 개별화의 강점이 있는 친구라 엄마노릇을 위해 얼마나 고민하고 자책하고 반성했는지 마음을 많이 알아차리려고 노력했던 코칭이었습니다. 강점 때문에 느꼈을 현실과 이상의 괴리로 힘들었을 친구의 마음을 과거에는 있는 그대로 수용해 주지 못했던 미안함이 많이 느껴졌습니다. '더 멋진 나로 살고 싶게 만드는 강점'이라는 소감 덕분에 강점 코칭에 임하는 저의 자세를 되잡아 주었습니다.

강점 코칭하다 보면 나를 뛰어넘는 힘을 펼치며 살아온 고객을 만나게 됩니다. 20대, 30대 젊은 청년과 함께 나누는 강점 코칭도 좋지만 저는 특별히 은퇴 이후 시니어분들 혹은 인생 2모작을 준비하는 중년의 분들과 함께 나눈 강점 이야기가 그렇게 흥미롭고 재밌을 수 없습니다. 다양한 경험을 통해 강점을 파악하고 받아들이는 과정을 함께할 수 있어 감사하고 영광이라는 생각까지 합니다. 연구원의 기질이 남아서인지 축적되는 데이터에서 패턴과 공식, 예측 가능한 패턴으로 결론짓는 것을 자연스럽게 하고 있습니다. 그러다 보니 강점 테마 별로 일반화, 객관화해서 테마에 대한 특징을 쉽게 설명해드립니다. 수집된 강점 테마의 일상 속 모습을 스토리텔링으로 들려드릴 때 강점에 대한 파악과 수용에 도움이 되었다는 피드백도 많았습니다.

지금까지 만난 중년 이상 시니어분들은 공통적으로 강화된 강점 중에 책임 테마, 화합 테마, 개별화 테마, 배움 테마를 상위 Top5로 가지고 계신 분들이 많으셨습니다. 아마도 자기 분석과 자기 이해를 위해 새로운 것을 또 배우고 관심 가지는 공통적인 성격이 있기에 강점 코칭을 받는 것이 아닐까 생각됩니다. 배움 테마를 가지고 계신 분들은 학습만 하는 수동적인 배움이 아니라 배우기 위해 적극적으로 실행에 옮기는 능동적이고 진취적인 분들이 많았습니다. 회사 생활 할 때도 이 배움 테마 때문에 다양한 부서의 다양한 일들을 스트레스 받지 않았다고 합니다. 새로운 일을 배우는 즐거움 때문에 기꺼이 감내했다는 말씀을 공통적으로 들려주셨습니다. 그리고 책임 테마는 기본에 충실한 자기 규범과 함께 정한 약속을 지키는 삶의 태도로 나타났습니다. 화합은 갈등 상황에서 현실적인 최선의 대안 탐색과 중재 역할로 표출되었고 개별화 테마는 개개인의 특장점을 빠르게 파악하고 거기에 맞게 나를 맞춰가는 형태로 강점이 강화되어 있었습니다.

지인이 보육원 자립팀장으로 일을 하고 있어 종종 저자특강이나 재능기부 강의로 봉사를 나가는 곳이 있습니다. 강점 코치가 된 뒤에 고3 졸업과 동시에 퇴소를 앞둔 친구들에게 강점을 선물해 주고 싶은 마음에 강점 그룹 코칭을 진행한 적이 있습니다. 그동안 저자특강이나 독서모임에서 만났던 친구들은 편하게 다가가고 싶어도 수직적인 위계와 거리감이 있다는 느낌을 받았습니다. 하지만 강점을 3시간 넘게 이야기 할 때는 인간 대 인간으로 마음으로 소통했다는 기분이 들어 강점의 위력을 다시 한 번 느끼게 되었습니다. 소감 역시 저와 비슷한 느낌을 받은 것 같았습니다. 강점을 가지고 있는 독립적인 인격체라는 사실을 생각하게 되었다고 했습니다. 또 강점의 끌림의 힌트대로 대학 학과 선택과 진로를 결정했다는 안도감이 생겼다고 합니다. 빨리 개학해서 강점을 발휘하고 멋진 대학생활을 하고 싶다는 이야기를 할 때는 정말 잘 해낼 것 같은 확신이 느껴져 대견했고 뜨겁게 응원하는 마음이 올라왔습니다.

한번은 회사 동료이자 동갑내기 친구였던 지금은 어엿한 스타트업 대표가 된 지인과 지인의 회사 동료를 대상으로 강점 워크숍을 진행한 적이 있습니다. 10년 넘게 희로애락을 함께하며 직장인의 설움과 어려운 고비마다 머리 맞대고 고민했던 친구입니다. 강점 코치가 되어 이 친구의 강점을 지난 10년간 지켜봐온 모습에 비춰 탐구해 보니 알게 모르게 강점을 잘 발휘하며 살았고 그 덕에 지금의 모습을 하고 있음을 서로 확인한 뒤 서로 소름 돋았던 경험도 했습니다. 승부와 집중의 강점이 있었던 친구는 직장인으로 유튜브 채널을 운영하며 10만 구독자 실버버튼을 받는 쾌거를 얻기도 했습니다. 비결을 알려 달라 말하면 항상 단계별 레퍼런스를 정해 놓고 분석하고 거기에서 차별화 경쟁우위에 집중하라고 이야기 해주었습니다. 본인의 승부와 집중 강점이 제대로 발휘된 사례였습니다.

강점 테마별로 일상 속에서 드러나는 모습이 각양각색이라 코칭할 때마다 탐구하고 새로운 것을 발견하는 재미가 있습니다. 가족들의 강점을 파악하고 수용하게 된 점도 강점 코치가 된 뒤에 얻게 된 선물입니다. 세 딸의 욕구 기반 재능을 알아차려 주고 의도된 훈련으로 투자해 줄 수 있다는 것도 엄마로서 위안이 되고 안심하게 해 주는 부분입니다. 과하게 발현될 때는 관리하고 조절할 수 있도록 함께 알아차림 해줄 수 있다는 점도 코치가 되길 잘 했구나 생각하게 해 주는 포인트입니다.

'더욱 멋진 나로 살 수 있게 만들어 주는 강점'을

오늘도 어떻게 활용해 볼까 궁리합니다.

"이 상황에서 오늘은 어떤 강점을 활용해 볼까?"

인간의 가능성에 대한 믿음이 만들어낸 변화

조선정

혼자서 일을 완수하는 것이 개별 기여자individual contributor에게는 필수적인 역량이라 할 수 있겠지만, 규모와 상관없이 팀을 운영하는 리더에게는 우리 팀원들이 각자의 일을 완수하게 만드는, 즉 성과를 내게 하는 역량이 더 중요한 것 같다. 그것이 잘 이루어지지 않는다면, 특정 팀원에게 일이 몰리는 불균형이 일어날 수 있고, 최악의 경우 팀원들은 일하지 않고 리더 혼자서 처음부터 끝까지 아등바등하는 경우가 생기게 된다. 나도 관리자가 되기 전까지는 나름으로 일 잘하는 직원이었던 것 같은데, 처음 팀을 리딩하게 되면서 힘든 적응 시간을 겪었었다. 내가 하면 더 빨리 더 잘 할 수 있는 일들을 팀원들에게 어떻게 하는지 가르쳐주고, 연습과 경험을 통해 스스로 배우고 익숙해질 수 있는 시간 동안 기다려주는 것이 참 어려웠던 것 같다. '어휴, 저렇게 하는 걸 보고 있어봤자 어차피 완벽하게 못 해낼 텐데, 내가 다시 해야 하는 것 아니야? 그럴 바엔 차라리 내가 해버리는 게 훨씬 빠르지 않을까?'라는 생각과 욕구를 다스리기가 힘들었던 것 같다. 그리고 이런 마음가짐과 행동은 자신을 번아웃하게 했다.

한 번은 두 명의 팀원과 어떤 프로젝트를 진행했던 적이 있다. 나는 의사결정 시 가이드를 주는 역할을 하고, 실제 프로젝트 리딩은 차장이 그리고, 과장 한 명이 함께했던 프로젝트였다. 과장과 차장은 우리 회사에 오기 전부터 다른 회사 프로젝트에서 팀리더와 팀원으로 함께 일했던 경험이 있었다. 차장이 프로젝트 플랜을 하고, 업무를 분배했고, 그렇게 개별적으로 완수된 과업들을 다시 차장이 취합하여 업무 완수하는 프로세스였다. 그래서 그렇게 보였을 수도 있겠지만, 과장은 맡은 일을 성실하게 하고는 있지만, 수동적으로 보였고, 사실 자신의 의견을 내는 일도 거의 없었다. 그 결과, 회사에서 그녀는 주도적이지 않은 그저 평타 치는 직원으로 여겨졌고, 사실 나도 그 평가에 반박할 만한 뚜렷한 증거를 제시하지 못했다.

그러던 중, 팀원들과 함께 재능 강점을 진단해보는 기회가 있었다. 놀랍게도 과장의 진단 결과에는 달성, 전략, 단순화 등 업무를 주도적, 효율적으로 하는 데 꽤 유리해 보이는 재능들이 포함되어 있었다. 참 의아했다. '나는 왜 이런 재능들을 가지고 있는 그녀를 수동적이면서 주도적이지 않다고 생각하고 있었을까? 그녀에게는 무엇인가 주도적으로 기획하고 전략적으로 수행할 수 있는 기회가 있었던가?' 나는 순간, 뒤통수를 얻어맞은 듯 깨달음을 얻게 되었다.

조직에서 팀원의 가능성을 믿고 기회를 제공하기 전에, 팀원 스스로 무언가 해내기를 바란다는 것이 과연 옳은 일일까? 그렇다면 내 경우는 어땠을까? 내가 그간 만났던 상사들은 끊임없이 도전적인 과제를 주었고, 그로 인해 고민도 많았지만 결국은 보람된 성과를 낼 수 있었다. 즉 나는 충분한 기회를 부여받았고 성과 달성을 위한 환경과 지원, 지지를 충분히 누렸었다.

과장에게 미안한 생각이 들었다. 아는 만큼 보인다는 말이 이 경우에 들어맞을까 모르겠지만, 그러고 보니, 우리가 아무리 장황하게 이야기해도 그녀가 작성한 회의록이나 이메일은 아주 간결하지만 모든 의미가 내포되도록 잘 정리되어 있었고, 나와 차장이 각자의 업무로 정신없을 때, 항상 먼저 자신이 도울 일들을 찾아 처리해주고 있었던 것 같다. 그녀는 이미 자신의 재능을 강점으로 발현시키고 있었지만, 내가 알아차리지 못했었다.

그래서 차장과 의논하여, 그녀에게 새롭게 시작하는 프로젝트를 아예 기획부터 진행까지 맡겨보기로 했다. 우선 프로젝트 타이틀과 취지 그리고 큰 방향성을 이야기하고, 과거 비슷한 프로젝트들은 어떻게 진행되었는지 개괄적으로 설명해 준 후, 이번 프로젝트를 리딩할 수 있을지 의지를 파악해 보았다. 물론 그간의 업무 경험을 보면 충분히 할 수 있는 일이었고, 그녀는 망설임 없이 그렇게 해 보겠다고 기회를 받아들였다. 그리고 그간 믿고 업무를 맡기지 못했던 내가 너무 미안할 정도로 세심한 기획, 명확한 업무 스케줄링, 진행을 위한 이해 관계자와의 원활한 협의, 완성도 있는 마무리를 기한 내 성공적으로 완수했다. 그리고 나는 기쁜 마음으로 그녀가 만들어낸 성과에 대해 전사적으로 공유하면서 축하할 수 있었고, 그때부터는 나를 포함한 그 누구도 그녀를 수동적 팀원이라고 생각하지 않게 되었다.

코칭의 철학에서도 말하듯이 "인간은 무한한 가능성을 가지고 있다." 리더인 내가 팀원의 재능과 가능성을 좀 더 일찍 파악하고 눈에 보이는 성과를 낼 수 있도록 기회를 제공하지 못했다는 것이 부끄러웠다. 하지만, 그래도 더 늦기 전에 팀원의 재능과 강점을 파악하여 그것을 바탕으로 가능성을 믿을 수 있게 된 것이 여간 다행이 아니라고 생각한다. 박지성 선수가 자서전 《멈추지 않는 도전》에서 히딩크 감독에게 가장 고마운 점에 관해 서술한 적이 있다. "내 속에 숨어 있던 잠재력을 현실로 끌어내 주신 것입니다."라고.

누군가가 나의 가능성을 믿어주었듯이,
이제는 그 믿음을 다른 사람에게 돌려주고 싶다.
그리고 재능과 강점의 발견은 그 가능성에 대한 믿음에
확신을 더해줄 것이다.

나눠주면서 더 스마트해진다

박진희

현재 다니는 회사는 책임자 역할을 하는 리더가 10명 정도 된다. 리더들의 성장을 돕기 위해 회사에서 의무적으로 진행하는 스터디, 다양한 회의, 연구 데이 외에 자발적으로 운영되는 모임이 있다. 현재 두 팀이 운영되고 있고, 각 팀의 구성원들은 비슷한 느낌과 특징을 가지고 있다. 한 팀은 리더들의 이름 한 글자씩을 따서 이름을 지었고, 다른 팀은 '백신'이란 이름으로 활동한다. 백신은 코로나 시국에 친숙해진 단어이기도 하고, 에너지 백신을 사람들에게 나눠 주는 발전소 같은 곳이면 좋겠다는 취지도 담고 있다. 구성원 모두 외향적인 성격이고, 기본 텐션이 높아 주변을 자신들의 에너지로 빠르게 전염시키는 데 익숙한 사람들이라 팀명을 너무 잘 지었다고 생각한다.

나는 백신팀에 가장 늦게 합류했다. 합류 초반에는 그 취지와 방향성이 충분히 파악되지 않았다. 팀 선택권도 없었고, 당연한 것처럼 배정된 터라 부정적인 마음도 올라와 불편함이 있었다. 사실, 당시 에너지 상태가 바닥이라 백신팀 활동을 하기에 부적합하다 생각했다. 팀원들은 관계 지향적인 사람들로 이미 서로 친했기에 낮은 에너지의 내가 그들과 함께 나눌 에너지는 없었고, 서로를 잘 아는 편안함이 리더로의 성장을 오히려 방해할지도 모른다는 노파심도 있었다. 하지만, 팀원들은 생각했던 것보다 훨씬 성숙함을 갖춘 사람들이었다. 이미 내 상태를 잘 알고 있었고, 팀 코칭을 하는 시간에도 개인 코칭을 받을 수 있도록 배려해 주며 자신들의 에너지를 나눔에 아낌이 없었다. 에너지가 늘 충만해 있지 않아도 괜찮다는 위로를 받았고, 그들에게 진짜 에너지 백신을 맞은 수혜자가 되었다. 에너지는 나만 나눠 줄 수 있는 것이 아니었다!

받는 것이 어색하고 익숙하지 않은 사람이라 주는 것만 생각하며 살았는데, 누군가에게 에너지를 받을 수 있음이 얼마나 감동적일 수 있는지 백신팀원들을 통해 느꼈다. 제대로 된 에너지 백신을 맞았으니 밝은 빛을 뿜어 돌려줘야 내가 아니겠는가! 태니지먼트 강사과정을 이수한 이유는 백신팀을 포함하여 조직에 '더 나음'을 나눠주고 싶어서였다. 배움을 나누는 일은 나에게 숙명과도 같은 일이기에, 무언가 배우기 시작하면 일단 나눠주겠다고 선언부터 한다. 그렇게 해 두면 배움에 집중할 수 있고, 나누기 위해 복습하는 과정이 필수가 된다. 부족한 부분을 채우면서 반복하는 일은 더 똑똑해지는 과정이다. 강사과정에서 배운 리더에 대한 강의를 준비하고, 4회에 걸쳐 팀원들에게 강의했다. 밝은 빛이 주변으로 번져 나갔고, 팀원들은 고맙게도 자신들의 팀에 적용함으로써 내 빛의 전령사가 되어 주었다.

진행한 강의 회차 중 가장 인상 깊었던 부분이 목표설정에 대한 것이었다. OKR 기법을 제대로 설명하고 싶은데, 공부가 부족해서 헤매었다. 다행히도 회사의 대표 코치님이 이 기법을 제대로 이해를 할 수 있도록 개념부터 도와주셨다. 덕분에 지금 백신팀의 리더들은 매달 목표를 세울 때 OKR 기법을 사용하여 가슴 뛰게 하는 월간 목표, 연간 목표를 진행하고 있다. 시작은 부족했으나 결과적으로 팀원들에게 에너지 주사를 잘 놔 준 것 같다. 혼자의 기량이 주는 영향은 미미하나, 함께하는 백신팀의 에너지 순환은 서로를 위해 상호작용하며 성장하는 동력이 된다. 덕분에 나 또한 어제보다 오늘이 조금 더 똑똑해진다.

생각을 정리하거나 문제 해결을 위한 새로운 방법을 찾아야 할 때, 대화 상대를 먼저 찾곤 한다. 늘 내 머릿속에 떠오르는 아이디어 팝업창이 있는데 대화할 때 주로 활발히 작동하기 때문이다. 친한 동료는 나를 보고 자신의 '스마트 매니저'라고 불러준다. 일에 대한 전략을 짤 때, 불편한 상황에 대한 타인의 이해가 필요할 때, 문제를 시급히 해결해야 할 때, 내 쓰임이 꽤 괜찮나 보다. 사실, 대화하면서 떠오르는 생각들은 깊이가 있다기보다 그때그때 떠오르는 아이디어를 공유해 주는 것일 뿐이다. 정작 나는 그 내용이 기억나지 않을 때가 많지만, 필요한 사람은 지나가며 하는 말도 잘 들리는 법이니까 어느새 나도 모르게 스마트 매니저란 소릴 듣게 된 것 같다.

솔직히 내 팝업창 아이디어들이 너무 좋아 가져갈 사람이 있었으면 좋겠다고 생각할 때도 많다. 스마트 매니저 하나 필요한 분은 아이디어 도구로 날 고용하는 것도 꽤 괜찮을 것이다. 오지랖도 진정성까지 갖추고 있는 수준이니 나쁘지 않고, 대화할 때면 아주 자연스럽게 공감 회로도 돌아가니 꽤 쓸 만한 대화 상대가 될 것이다. 단, 가족을 제외한 타인에게만 발현되는 스마트함이니 책을 읽고 있는 내 가족들은 이용을 금한다.

나눠주는 일은 분명 즐거운 일이지만, 상대방이 원치 않을 때는 기다려야 하기도 한다. 누군가의 눈엔 이 오지랖이 불편할 수 있는 일이기 때문이다. 10년 전만 하더라도 지식의 나눔은 팀원들에게 당연히 고마움과 인정을 받아야 할 일이라 생각했다. 하지만, '사람 마음이 다 나 같지 않다!'라는 진리를 습득하고 나선 기다릴 수 있는 여유가 조금은 생겼다. 40대가 되어서야 이런 마음도 생겼으니 그 과정에서 상처도 참 많이 받았지만 말이다.

모든 사람은 각자의 삶을 살아가는 경험을 통해 조금 더 현명하고 똑똑해진다. 그 경험의 연결성이야말로 새로운 나를 만들어 갈 수 있게 해주는 일이니, 경험을 돌아보는 성찰의 시간은 꼭 필요하다. 어릴 땐 이 경험을 곁에 있는 사람들과 나누고 싶은 선한 마음이 앞서, 상대에게는 일방적인 메시지일 수 있다는 생각조차 하지 못했을 때가 있었다. 상대의 부정적인 반응에 상처만 많이 받았는데, 지금은 쓸데없는 오지랖이 발동되기 전에 상대가 정말 필요로 하는 일인지 먼저 생각해 보는 여유가 생겼다. 어차피 자신의 마음속 여유 공간을 가진 사람만이 상대의 나눔도 긍정적으로 받아들일 수 있기에 나누고픈 사람의 상태를 제대로 파악하는 건 중요한 일이기 때문이다. 나눠줄 사람을 선택하는 것과 타이밍은 중요하다.

예전만큼 열정도 체력도 따라주지 않는 나이가 되었으나 분명 어제보다 성숙하고 노련해지고 있다. 강점을 활용하면 온전히 내가 되는 자유를 느낄 수 있다. 배움과 나눔이야말로 나에게 자유를 주는 일이다.

배움은 새로운 연결을 기대하게 만들고,
나눔은 다시 배울 수 있는 원동력이 된다.
자유로움을 만끽하며 살아가는 존재.
나눠주며 더욱 스마트해지는 사람.
자유로운 영혼은 이렇게 만들어진다.

자신에 대한 오해를 푸는 시간, 강점 코칭

차휘진

강점을 인식하기 전에는 안갯속을 걷는 것 같았다. 내가 내 본심을 명확히 알지 못했고, 강점을 사용하면서 그게 강점인지 몰랐다. 나도 모르게 강점을 사용할 때 주변에서 유별난 사람이라고 말하는 경우가 있었다. 그런 말을 듣다 보니 사람들의 눈을 의식해서 강점 사용을 억눌렀다. 더 나은 인생을 살고 싶은데 어떻게 해야 할지 막막하고, 뭘 해도 확신이 없었다. 이대로는 안 될 것 같아 갑갑하기만 했다.

강점을 인식하고 활용하기 시작하면서 흐릿하게 보이던 것들이 명확해졌다. 사람들에게 유별나게 보였던 것이 단점이 아니라, 나만의 강점이라는 것을 알게 되었다. 내가 어떤 사람이고, 무엇을 바라고, 무엇이 강점인지 발견하고 이해하기 시작했다. 자신감이 생기고 마음과 행동이 달라지는 게 보였다. 강점 코칭으로 만난 사람들도 비슷한 경험을 하게 되었다.

A군은 사람을 좋아하지만, 사람이 어려웠다. 회사에서 사람을 대할 에너지가 없었다. 오랜 기간 심리적, 육체적으로 가족들을 돌보느라 지쳤다. 가족들은 서로에 대한 걱정이나 갈등을 직접적으로 소통하며 풀어가지 않고, A군을 찾았다. A군은 가족들의 사이를 원만하게 만들기 위해 무리한 노력을 했다. 가사와 가업을 혼자 감당하는 희생도 때때로 발생하고 있었다. 가족 구성원들은 A군의 헌신 아닌 헌신을 당연하게 생각했다.

A군의 강점과 그 안의 욕구에 관해 깊이 있게 대화를 나누면서 발견한 것이 있었다. 관계의 평화를 바라는 간절한 마음과 거기서 비롯된 중재의 강점이었다. 그래서 가정의 평화와 화목함을 바라는 마음으로 중재하고, 자녀이면서 부모의 역할을 하고 있었다. 인식하지도 못한 중재의 강점을 주먹구구식으로 무리하게 사용하는 상황이었다. 자신도 모르는 사이에 강점을 과도하게 사용하여 힘들었지만, 갈등을 해소하고 중재하면서 만족감을 얻었던 경험도 떠올리게 되었다. A군 자신과 강점 사용에 대해 되돌아보는 계기가 되었다.

강점과 본심을 발견한 뒤에, 강점을 사용하는 빈도와 정도, 활용 방법을 능동적으로 결정할 수 있도록 코칭을 진행했다. 지금은 자신감이 생기고 한결 편하게 사람들을 대하게 되어, 이전보다 넓고 친밀한 관계를 맺어가고 있다. 강점을 주체적이고 능동적으로 발휘하고 있다. 상황에 끌려다니며 강점을 사용하는 게 아니라, 평화로운 관계를 만들고 싶은 본심을 이룰 수 있도록 강점의 사용 방법과 정도를 직접 결정했다. 해야만 하는must 사용에서, 원하는 것want을 이루기 위한 사용으로 강점 활용의 결이 달라졌다.

B군은 매사 최선을 다하지만, 자신을 게으르다고 평가했다. 자신이 일하는 과정과 결과가 만족스럽지 않다며 답답해했다. 쉴 틈 없이 일하지만 이대로 괜찮은지 혼란스러워했다. 그래서 업무 중 나타나는 단점이 무엇인지 찾아내고, 단점을 보완하는 것에 집중했다.

B군은 자신의 강점과 그 안의 욕구가 무엇인지 알지 못했고, 그 결과 자신을 오해하고 있었다. B군에게는 여러 영역에서 완벽하게 성취하고 싶어 하는 달성과 완벽의 강점이 있었다. 여러 가지를 동시에 완벽하게 해내기 위해서 신경 쓰고 추진하다 보니 에너지 소모가 많았다. 체력적으로 감당이 되지 않아, 금방 피곤해지고 의욕이 떨어지곤 했다. 이런 경험을 반복하면서 자신을 무기력하고 게으르다고 평가했다. 아무리 노력해도 자신만의 완벽한 기준에 도달하지 못했다. 그래서 자신을 덜렁거리는 사람, 일 못하는 사람으로 생각했다.

B군의 강점은 가공되지 않은 원석 상태였다. 완벽하게 달성하고 싶은 욕구가 강했지만, 강점을 인식하지 못했고 그러다 보니 어떻게 사용할지 훈련되지 않았다. 강점을 효율적으로 사용하지 못해서 에너지 소모가 많았다.

강점과 욕구들을 살펴보고 대화를 나누면서, 자신이 게으르다고 생각했던 것이 착각이고 오해인 것을 발견했다. 강점을 어마어마하게 사용하고 있었지만 그게 강점인지도 몰랐던 것을 알게 되었다. B군 스스로 자신의 열정과 노력을 발견하고 인정하게 되었다.

코칭을 통해서 B군이 달성하고자 하는 목표를 명확하게 정하고, 이루기 위해서 강점을 어떻게 활용할지 구체적인 활용 방안을 정리했다. 구체적이고 쉽게 업무에 적용할 수 있는지, 지속적 사용 가능한지, 효율적으로 목표 달성이 가능한지 B군에 맞게 고려했다. 에너지 낭비를 예방할 수 있도록, 강점을 활용한 상황별 대처 방안도 세웠다. 지금은 개인적으로나 업무적으로 원하는 목표를 명확하고 구체적으로 정리하고, 계획에 맞게 페이스를 조절하며 실천하고 있다. 강점에 막연하게 끌려다니지 않고, 주관적으로 만족감 있게 활용할 수 있게 되었다.

C양은 몇 년간 다니던 직장을 떠나고 싶어 했다. 새로운 분야에 기회가 생겨 지원하려고 했는데, 지인들이 크게 반대하여 실행하지 못했다. 출근은 하고 있지만 이직에 미련이 남았고, 도전을 막았던 지인들을 원망하는 마음도 있었다. 이직을 생각했던 분야 외에도 하고 싶은 것들이 많았고, 현 직장에서의 시간을 갑갑하게 여겼다. 코치가 퇴사를 권해주길 바랐다.

강점 코칭을 진행하며 C양의 강점과 욕구에 관해 대화를 나눈 결과는 놀라웠다. 근무하고 있던 직장에서 멋지게 업무를 해내고 탁월한 성과를 내고 싶은 것이 C양의 본심이었다. 업무량이 많고 어려워서 완성도 있게 이루어내지 못하다 보니, 멋지게 성취하고 싶은 욕구가 충족되지 않았다. 그래서 절망하고 비교적 수월해 보이는 다른 일로 회피하려고 했다.

진심으로 이루고 싶은 것이 무엇인지 구체적으로 정리하며 대화를 나누었다. 바라는 것을 성취하기 위해서 C양이 가진 강점을 어떻게 활용하면 좋을지, 그리고 강점과 역량을 어떻게 강화할지 코칭을 통하여 정했다. 코칭을 마친 뒤 C양은 한결 편안해진 얼굴로 인사를 나누고 돌아갔다.

지금은 탁월한 성과에 대한 자신의 바람을 수용하고, 강점을 활용하며 최선을 다한다. 목표와 결과 사이에 차이가 있더라도 용감하게 받아들이고, 반성하며 다음을 계획하고 있다.

강점은 자신을 보는 시야에서 안개를 걷어내고 진정한 자신을 여는 열쇠다. 강점을 찾으면 외면했던 본심을 발견하기도 하고 자신에 대한 오해가 풀린다. 그래서 진정으로 원하는 것이 무엇인지 찾아내기 수월해진다. 거기에 강점을 능동적으로 사용하기로 작정하고 포기하지 않으면 원하는 인생에 도달하게 된다.

그때는 없었고, 지금은 있는 것

우근영

몇 년 전 프로야구 이야기를 다룬 드라마가 있었다. 꼴찌팀에 새로운 단장이 부임해서, 스토브리그 기간에 팀을 개혁하면서 새 시즌을 준비하는 내용이었다. 이 드라마의 후반부에는 전지훈련을 준비하는 에피소드가 나온다.

드라마에 메인으로 등장하는 팀은 코치진들의 파벌싸움, 양쪽 파벌이 모두 무시하는 힘없는 감독, 어느새 소속이 부끄러워진 꼴찌의 이미지, 낙후된 시설 속에 의욕이 떨어져 일하지 않아도 돈은 번다는 의식이 팽배해 있었다. 하지만, 놀라운 것은, 이들에게도 시즌 준우승이라는 성적을 낸 적이 있었다는 것이다. 전지훈련을 준비하는 회의에서 성적이 가장 좋았던 준우승 시절의 전략분석을 하는데, 그 과정에서 그때는 있었고, 지금은 없는 것의 뚜렷한 특징이 나타난다.

이들이 시즌 준우승이라는 성적을 낼 당시 이 팀에는 특별한 사람들이 있었다. 투수들의 멘탈을 최상으로 이끌어주는 불펜 포수, 타자들에게 최고의 타격감을 만들어 주기 위해 공을 던지는 배팅 볼 투수, 선수들의 피지컬 컨디션을 최상으로 만들어 주는 컨디셔닝 코치까지, 각 분야에 강점을 가진 담당자들이었다. 이런저런 사유로 이들이 떠나고 선수들과 팀의 성적은 계속 떨어지게 된다. 하지만 우여곡절 끝에 이들이 전지훈련에 합류하고, 각 분야의 스페셜 코치로 참여하면서 선수들의 역량을 끌어 올려주었다. 전지훈련의 성과 역시 기대 이상으로 마무리가 된다. 선수들의 재능을 넘어 각 선수만의 포지션에 맞는 강점을 발현시키고, 그 연결고리를 이어 최강의 팀으로 만들어 가는 과정이 상당히 인상 깊었다. 조직과 개인에게 강점 코치가 왜 필요한지를 명확하게 보여주는 장면이었다.

보통은 조직에서 우리 팀과 같은 지원부서는 영업부서와 같이 눈에 보이는 큰 성과를 만들어내기가 어렵다. 스포츠에서처럼 서로 다른 포지션이 경쟁하지 않는 것과 다르게 조직에서 부서는 같은 기준으로 평가받는다. 그 결과에 따라 승진과 연봉이 직결되다 보니 수많은 팀 사이에서 규모가 작은 우리 팀은 성과를 드러내는 데 늘 어려움이 있었다.

강점을 알게 된 이상 빨리 팀에 적용해 효과를 증명하고 싶었다. 강점 코치로의 역할을 우리 팀으로 가져와 실행에 옮기기 시작했다. 우리가 다른 팀과 경쟁해서 돋보일 방법은 대체 불가한 팀이 되는 것이었다. 또, 어떤 형태로든 다른 조직에 도움을 준다면 그 존재만으로도 특별한 팀이 될 수 있다고 믿었다. 우리에게만 있는 특징, 우리 팀만 가질 수 있는 환경, 예전에는 불리하다고 생각했던 조건들도 관점을 달리하여 팀에 유리한 방향으로 바라보았다. 새로운 변화 분위기를 반기는 팀원들의 적극적인 참여도 있었지만, 안정적인 업무를 바라는 팀원들은 불안해했다. 팀 업무 개편을 하고, 팀원들의 업무 재배치를 하면서는 다양한 반대에 부딪히기도 했다. 하지만 나는 확신이 있었다. 회사의 방향에 맞춰 우리만 할 수 있는 역할을 강조하고, 그것에 집중하면 팀의 규모와 관계없이 우리 팀의 가치는 인정받을 수 있다고 생각했다. 만약 이때, 내가 우리의 한계만을 생각하고, 늘 하던 방법대로 결과를 만들고자 했다면 지금의 성과는 경험할 수 없었을 것이다. 그리고, 여전히 불리한 조건들만 탓하고 있었을지도 모른다.

강점 코칭을 적용하여 업무 개편을 할 때는 팀원들의 강점을 우선으로 고려하여 업무 배치를 했다. 그 덕분에 업무 집중도와 업무 만족도가 좋아졌다. 업무 개편을 하며 불가피하게 인력은 줄었다. 하지만 같은 업무량을 이전보다 적은 인원으로 무리 없이 소화하고 있다. 더욱 효율적인 운영 효과를 낸 것이다. 팀원들은 변경된 업무가 한 번도 해보지 않았던 것이지만, "막상 해보니 자신과 잘 맞는다." "업무가 재미있다."라는 의견들을 내기 시작했다. 이번 업무 개편 프로젝트를 통해 팀의 리더로, 강점 코치로 내 역할을 해냈다는 것이 무척 뿌듯했다.

대개 직장에서 성장하는 가장 좋은 방법은 약점에 집중하는 것이라고 한다. 부족한 부분에 피드백을 받거나 보완하는 것에 더욱 익숙해져 있기도 하다. 또, 그렇게 하는 것이 단기적으로는 성과가 더 나는 것처럼 보이기도 한다. 그렇지만 전체적으로 보면 큰 성과가 되지 못한다. 팀의 최종 목표 달성에도 명확하게 도움이 되지 않고, 개인의 성과도 결국 평균 수준에 머물게 된다. 나 역시 리더 초반에는 팀원들의 약점을 보완해 그들 개인의 성과를 낼 수 있도록 돕고 싶었다. 하지만 그럴수록 부정적인 부분에 계속 초점을 두게 되었다. 아무리 좋게 이야기해도 팀원들에게는 싫은 소리의 연속일 뿐이었다. 피드백하는 나도 이들의 실수, 약점만 보이니 민감한 반응이 이어질 수밖에 없었고, 팀워크에도 도움이 되지 않았다.

팀을 운영하다 보면 업무 속도에 잘 따라오지 못하는 팀원 때문에 성과를 내기 힘들다는 생각을 한 번쯤은 하게 된다. 그렇다고 이 팀원을 업무에서 제외한다고 해서 원하는 만큼의 속도와 결과를 낼 수 있는 것도 아니다. 팀원들을 억지로 바꾸려는 대신 강점을 키울 수 있도록 하면 된다. 업무의 유형에 팀원을 맞추는 것이 아닌, 모두가 다른 업무적 기질을 가지고 있다는 것을 받아들이는 것이 먼저다. 그리고 그 팀원의 강점을 충분히 반영하고 팀에서 제 역할을 잘할 수 있도록 해주는 것이 전체적인 팀워크와 성과에 더욱 도움 된다.

강점에 집중하라고 해서 약점을 무시할 수는 없다. 하지만, 팀의 리더는 팀원들의 특성을 정확하게 파악하고 받아들이는 과정과 강점을 무력화하지 않는 노력이 반드시 필요하다.

강점을 정확히 알기 전의 팀과 그 이후의 팀은 완전히 달라졌다. 어떤 무기를 어떤 상황에서 사용해야 하는지 알게 된 것이다. 어려움에 부딪히게 되면 상황 탓보다 그 상황에서 우리가 잘 할 수 있는 것이 무엇인지를 먼저 찾는다. 그다음 일단 시작하고 보완하며 마지막까지 해내는 팀워크를 장착하게 되었다.

내가 원하는 인생을 만들어 가는 방법

김재은

덜컥 회사에서 독립해서 개인사업자부터 내고 무슨 일을 할 수 있을지 고민하던 때였다. 인생 선배이자 스승인 조직 커뮤니케이션 전문가 김호 대표님을 만나서 이런 저런 고민을 털어 놓았다.

"제가 무슨 일을 할 수 있을까요? 기업 평판 관리 컨설턴트로 일한 경력을 살려서 요즘 늘어나는 일인 기업과 프리랜서, 자영업자를 위한 평판 관리 책을 쓰고 컨설팅하면 수요가 있지 않을까요? 근데 제가 디지털 네이티브인 두 아이를 키우는 기자 출신 엄마잖아요. 요즘 아이들에게 디지털 미디어를 안전하고 스마트하게 활용할 수 있는 문해력을 길러주는 디지털 육아에 대한 책을 쓰고 교육 사업을 해보면 어떨까요? 아니면 기업 리더의 이미지를 위한 PI President Identity 컨설팅을 일반인에게 적용해서 개인 브랜딩을 돕는 PI Personal Identity 코치로 새로운 커리어에 도전해 볼까요? 근데 코치는 어떻게 될 수 있나요? 무슨 공부를 하면 좋을까요?"

대표님은 연신 고개를 끄덕이면서 내 이야기를 끝까지 주의 깊게 들으시곤 이렇게 말씀하셨다.

"다 좋습니다. 그런데 재은씨가 원하는 게 뭔가요? 다양한 실험들을 많이 해보면 좋겠어요. 재은씨는 이미 코치입니다."

순간 말문이 막혔다. 나의 경력과 역량으로 무슨 일을 할 수 있을지, 어떤 일을 하면 유망할지 고민하느라 정작 내가 왜 그 일을 하고 싶은지는 깊이 생각하지 못했기 때문이다.

문득 대학 졸업 무렵 진로를 고민하던 스물네 살의 내 모습이 떠올랐다. 그 때도 그랬다. 학창시절 내내 대학 웹진 'DEW' 기자로 활동하며 편집장까지 지내고, 인터넷 매체인 '오마이뉴스' 시민 기자로 기사를 썼지만 언론 고시라는 세상의 문턱 앞에서 한없이 작아졌다. '내가 기자가 될 수 있을까?' 막막하고 불안했다. 그러다 어느 순간 같은 질문이 머릿속을 스쳤다.

'나는 왜 기자가 되고 싶은가?'

처음부터 기자가 되고 싶은 건 아니었다. 책보다는 영화를 좋아하고 다큐멘터리 감독이 되고 싶었다. 그런데 영화 리뷰 담당으로 우연히 시작한 웹진 기자 활동이 너무 재미있었다. 다른 누군가가 전해주는 뉴스를 그대로 받아들이는 게 아니라 내가 의미 있다고 생각하는 이슈를 직접 발굴하고 취재해서 알리는 게 좋았다. 다양한 사람들을 만나 인터뷰를 하고 기사로 풀어내는 과정이 즐겁고 가슴 뛰었다. 내가 글을 잘 쓴다고 생각한 적이 단 한 번도 없었기 때문에 더 충실하게 현장을 찾고 발로 뛰어 취재했다. 그렇게 학창시절을 보내면서 자연스럽게 기자를 꿈꾸게 되었다. 그 외에 다른 직업을 떠올릴 수 없었다는 게 맞는 표현이다.

> "자발성은 자유의 문제에 대한 하나의 해답이다. 인간과 자연에 대한 자발적인 관계는 개인의 개성을 배제 시키지 않고 자아를 외부 세계에 새롭게 결부시키는 방법이다. 이런 관계에서 가장 먼저 표현되는 것은 애정과 창의성에 기반한 생산적인 일이다."
>
> – 에리히 프롬

교양 수업 교재였던 《자유로부터의 도피》를 읽다가 의욕과 전율이 일었다. 그래, 내가 사랑하고 하고 싶은 일을 직접 만들어서 해보자. 무엇이든 할 수 있는 자유와 하지 않을 자유를 얻기 위해서 힘을 기르자. 대학 시절의 경험들을 책으로 써보자는 생각이 들었다. 그동안 웹진과 '오마이뉴스'에 실린 원고 중 기획 기사, 인터뷰 기사, 칼럼, 책과 영화 전시 등 문화 리뷰 등으로 카테고리를 나눠서 한 권의 책으로 엮었다. 설 연휴 3일 내내 밤을 새우며 편집을 하고 프롤로그와 에필로그를 썼다. 초등학교부터 나를 가까이 봐온 친구와 웹진 후배에게 추천사도 부탁해서 받았다. 당시 살던 일산 아파트의 경비 아저씨에게 원고를 보여드렸더니 시 한 편과 함께 글을 써주셔서 추천사로 같이 실었다.

직접 펴낸 첫 책 《내 삶을 자유롭게 하는 힘》은 딱 10부만 찍었다. 그런데 놀랍게도 그 책 덕분에 기자가 될 수 있었다. 먼저 언론사 기자가 된 선배가 편집국에 새로 생긴 인터넷 뉴스 부서에 웹진 편집장 출신인 나를 추천했고 이 책을 이력서 삼아 면접을 볼 수 있었기 때문이다. 입사를 앞두고 대학에서 기자를 지망하는 후배들을 위해서 취업 특강을 해달라는 요청을 받고 잠시 고민에 빠졌었다. 내 이야기가 후배들에게도 도움이 될까, 의문이 들었다. 대학 생활 내내 웹진 기자와 각종 동아리 활동을 하느라 학점도 바쁘고 영어 점수도 낮고 언론고시를 위한 상식 시험도 제대로 준비하지 못했다. 내가 했던 일들을 책으로 엮었을 뿐이었는데 결과적으로 책은 나의 경험과 핵심 역량을 담고 있는 포트폴리오가 돼 주었다. 세상의 스펙이 아니라 내가 직접 만든 기준으로 취업에 성공한 것이다. 결국 후배들에게 이렇게 이야기할 수 있었다. 나를 평가하는 기준을 스스로 만들어 보라고.

《자유로부터의 도피》를 쓴 에리히 프롬은 사람들은 모두 자유를 꿈꾸나 대부분은 세상의 권위에 복종한다고 지적한다. 스스로 주인이 되어 자유를 누리는 방법을 알지 못하기 때문이다. 어디에도 소속되지 않는 불안함은 두려움이 되고 결국 집단을 따라가는 걸 선택한다. 졸업을 앞둔 스물네 살의 나와 직장이 없던 마흔두 살의 나는 소속된 집단이 없는 게 너무 불안하고 두려웠다. 하지만, 에리히 프롬의 말처럼 불안과 고독을 회피하는 유일한 방법은 복종이 아니었다. 나만의 경험과 기준으로 책을 쓰고 만드는 일은 내가 '자유롭기 위한 힘'을 기르는 과정이었다.

중요한 것은 내가 원하는 것을 아는 것이었다. 나의 욕구에서 출발하면 만족스러운 삶을 사는 방법에 대한 실마리를 찾을 수 있다. 문제는 내가 진짜 원하는 게 뭔지 헷갈린다는 점이다. 우리는 온통 타인의 욕망에 둘러싸여 살고 있기 때문이다. 의식주를 위한 생필품부터 커피나 여행지, 취미 생활까지. 내가 진심으로 갈망하지 않는다면 모두 가짜 욕구다. 심지어 일도 그렇다. 방향성이 없는 퇴사나 이직은 도움이 되지 않는다. 가고 싶은 곳이 어디인지 모른다면 원하는 곳에 도착할 수 없기 때문이다.

나는 강점에 집중한 뒤 살고 싶은 인생의 모습을 구체적으로 그릴 수 있게 되었다. 다른 사람의 기준에 좌우되는 것은 나다운 삶이 아니었다. 세상의 간섭과 불필요한 것들을 덜어내자 내게 진짜 중요한 것이 선명하게 모습을 드러냈다. 그리고 중요한 것을 얻기 위해 내가 가진 강점을 어떻게 개발하고 활용할지 고민하고 노력하는 일만 남는다.

누구나 자신의 존재가 있는 그대로 인정받고 자부심을 느꼈던 순간이 있다. 가장 나다운 모습이 드러나는 인생의 반짝이는 순간들이다. 강점을 발휘하면 언제나 나답게 빛나는 순간들을 살 수 있다. "사람들이 그들의 가장 바람직한 모습이 될 수 있도록 도와주어라. 그리고 그들이 이미 가장 바람직한 모습이 된 것처럼 대하라." 괴테의 말은 내가 강점 코칭을 통해 하고 싶은 일과 사람을 대하는 마음을 그대로 담고 있다.

사람들이 원하는 삶을 살 수 있는 방법을
스스로 찾을 수 있게 돕고 싶다. 그것이 내가 원하는 삶이다.

나에게 주어진 직무가 왜 이렇게 힘들까?

이재욱

"나 내일 또 코엑스 전시회 가는데, 내일 회사야?"

"내일? 어, 회사지."

"그래? 그럼 내일은 점심 같이 먹자. 12시 콜?"

"어, 오케이. 내일 봅시다!"

오랜만에 친구에게서 전화가 왔다. 갑작스러운 점심 약속이다. 하지만 나에게는 낯설지 않은 일이다. 초중고 친구들에서부터 대학 동기까지 코엑스에 전시회가 있어서 참석할 때나 삼성역 근처 업체 방문할 일이 있으면 종종 나에게 안부 전화를 걸어 점심을 같이 먹기 때문이다. 사람 만나는 걸 좋아하는 나로서는 오랜만에 친구나 지인들을 만나니 좋은 일이다. 더군다나 업체 방문을 하러 온 친구들의 경우는 자기 회사 사장님이 사주는 점심이라며 법인카드로 점심 결제를 해준다. 그러면 나는 얼굴도 모르는 친구 회사 사장님께 감사의 마음을 전하며 맛있게 점심을 얻어먹을 수 있다. 마다할 필요가 없는 고마운 약속들이다.

메뉴는 보통 내가 몇 가지 떠오르는 걸 추천해 주고 고르게 한다. 오늘 생각한 메뉴는 떡볶이 또는 꼬막 비빔밥이었다. 오랜만에 보는 친구는 떡볶이를 선택했다. 코엑스는 점심시간에 대기 시간이 길다. 더군다나 내가 제안한 떡볶이집은 타이밍이 안 맞아 우르르 손님들이 한번 들어가 버리면 꽤 오래 기다려야 한다. 내가 미리 가서 줄을 서고 친구가 찾아오면 좋겠다는 생각이 들었지만…….

“나 길치야. 지금 전시회 나가는 문도 못 찾겠어!”

코엑스 지하는 워낙 넓고 복잡해서 처음 오는 사람에게는 미로와 같다. 나 또한 그랬고, 지금도 익숙한 길만 아는 정도다. 그래서 그런지 코엑스 안에는 곳곳에 길을 찾을 수 있도록 길 안내 터치스크린이 설치되어 있다. 안 그래도 복잡한 코엑스인데 더군다나 길치라고 하는 친구에게 떡볶이집을 찾아오라고 할 수가 없었다.

“그럼 그냥 전시회장 1층 입구에서 기다려, 내가 그리로 갈게.”

입구에는 내가 먼저 도착했고, 아직 입구를 찾아 헤매고 있던 친구는 몇 번의 통화와 사진을 찍어서 위치를 공유받은 뒤에야 겨우 만날 수 있었다.

그렇게 우여곡절 끝에 만난 친구와 안부를 물으며 떡볶이집으로 향했다. 다행히 생각보다 대기 없이 자리를 안내받아 식사할 수 있었다.

식사하면서 이런저런 사는 이야기를 나눴다. 친구는 회사에서 변경된 직무에 관한 이야기를 꺼냈고, 이전 직무 대비 일은 편한데, 자신이 뭘 해야 할지 감이 잡히지 않아서 힘들다고 했다. 친구는 대학교 때부터 이런저런 아이디어를 생각하고 특허 제출도 해보는 친구였다. 나에게 여러 아이디어를 들려주기도 했는데, 이 친구 덕분에 일반 사람들도 특허 제출을 해볼 수 있다는 것을 알았다. 물론 대부분 아이디어는 이미 있거나 특허 출원이 힘든 아이디어였긴 하지만 말이다. 친구는 연구개발직이었는데, 새로운 신사업 부서로 옮겨가며 시스템을 구축하는 업무를 해야 했다. 한참 강점 코치 교육과 실습을 진행 중이었던 나는 친구가 창조의 강점은 있을 것 같은데, 나머지 재능이나 강점은 예상이 되지 않았다. 이야기는 자연스럽게 태니지먼트 강점 검사로 이어졌고, 점심을 먹고 헤어질 때는 강점 코칭을 진행할 약속 시각을 정하고 있었다.

친구에게는 행동, 회고, 공감, 창의, 신중, 주도의 재능이 있었다. 이 재능을 기반으로 한 욕구 강점은 '추진'과 '창조'가 있었고, 행동판단 강점은 '외교'와 '동기부여'가 있었다. 태지니먼트에서 말하는 욕구 강점은 내가 본능적으로 가지고 있는 강점을 뜻하고 태양과 같은 자연스러운 에너지원에서 발휘된다. 한편, 행동판단 강점은 내가 해내야 하는 회사에서의 직무나, 가정에서의 역할, 바라는 모습 등 필요 때문에 발휘되고 있는 강점을 뜻하며 배터리와 같은 에너지원으로 소모되는 강점이다. 행동판단 강점을 줄여나가고 욕구 강점을 늘려나가는 것이 좋다. 자연스러운 에너지원을 사용할 수 있기 때문이다.

강점 리포트를 받고 나니 친구가 더 이해되었다. 친구는 실제로 상당히 추진력이 강하고 행동이 빠르다. 같이 놀러 갈 약속을 정하기 전에 우선 펜션부터 잡고 본다. 주변 친구들의 이야기를 잘 공감해 주고, 함께 다른 사람을 욕해주기도 하는 털털한 성격도 가졌다. 예상대로 창의 재능을 가지고 있기도 했다. 내가 예상하지 못하고 좀 신기했던 재능 중 하나가 회고였다.

회고의 재능을 가진 사람은 과거를 기반으로 생각하고 싶어 한다. 미래지향 재능과는 약간 반대되는 재능으로 과거에 있었던 일이나 사례를 기반으로 생각하기를 좋아하는 재능이다.

실제로 친구와 코칭을 하면서 이야기를 나누어 보니 그러한 경향이 있다고 했다. 현재 변화된 부서는 신규 사업 개발팀이다 보니 과거 사례로 삼을 만한 자료가 없었다. 기존에 연구개발을 진행할 때는 수많은 데이터를 기반으로 수정 보완하거나 개발해 나가는 일이라서 친구의 적성에 잘 맞는 일 중의 하나라는 생각도 들었다. 과거를 활용한 회고의 재능과 창의를 활용한 개발 업무도 수행할 수 있기 때문이다. 하지만 신규 사업 부서의 경우는 과거 사례가 없는 게 힘들었던 점이었음을 인지할 수 있었다.

친구와 인지한 문제점을 어떠한 강점을 통해서 해결해 볼 수 있을지 고민해보았다. 친구는 강점인 '추진'을 활용해 보기로 했다. 다른 기업 현장 방문을 통해서 실례와 개선 포인트를 찾아내고 시스템을 구축하는 방법을 한번 모색해 봐야겠다는 이야기까지 도달하게 되었다.

막연히 그냥 친구와 이야기를 나눌 때는 친구가 힘들어하는 부분에 대한 조언이나 해결방안을 탐색해 보기가 쉽지 않았는데, 테스트를 통해서 자신의 재능과 강점을 인지하고 나니 강점을 활용한 대안을 생각해 볼 수 있었다. 친구도 강점을 인지하는 것만으로도 마음이 한결 편해지고 도움이 된다는 피드백을 해주었다.

내가 왜 힘든지 고민할 시간조차 갖지 못한 채 그저 바쁘고 힘들게 살아가기 쉽다. 잠시 멈춰서 나를 바라보는 시간이 필요하다. 이때 강점 코칭이 도움될 수 있다. 일반적으로 사람들은 현재 내가 겪고 있는 문제가 무엇인지, 해결 방법이 무엇인지부터 고민한다. 하지만 강점 코치는 그 사람이 어떠한 사람인지에 초점을 맞춘다. 잠시 멈춰서서 자신의 강점을 돌아볼 수 있도록 돕는 조력자의 역할을 하는 것이다.

내가 가진 강점을 통하여 스스로가 문제를 해결하고 목표를 향해 나아가는 삶은 자존감과 행복감을 높이는 길임을 확신한다.

chapter 5

강점 활용을 통한 변화와 혁신

'나답게' 사는 것이야말로 진짜 자유로운 삶이 될 것이다.
자유로운 영혼의 한 사람으로서 나다움을 찾아가는 일,
그것이 살아가는 진짜 이유가 아니겠는가!

누구보다 열심히 살았지만 성과가 없다구요?

신경화

세상에는 열심히 사는 사람들이 참 많다.

특히 감탄이 나올 만큼 열심히 사는 사람들이 TV에 나오기도 한다. 열심히 사는 정도로 부와 명성을 얻는다면 상위권에 오를 사람들이다. 그러나 안타깝게도 열심히 하는 것만으로 성과를 내지 못한다.

나 역시 열심히 살았다. 일하는 게 취미다. 다른 어떤 것을 하는 것보다 일하는 것이 재밌다. 처음부터 그랬던 것은 아니다. 직장생활 초기부터 역량보다 큰일을 맡게 되었다. 잘해내고 싶어서 매일 야근을 했다. 토요일은 물론 일요일도 출근한 적이 많았다. 집에서도 회사 일이 생각났다. 덕분에 맡은 일을 하나둘 해내게 되었다. 불안정했던 회사가 자리를 잡아갔다. 기한 내 일을 처리하기 위해 제대로 잠을 못 자고 일하기를 몇 달째이던 어느 날 '아~, 이러다 죽을 수도 있겠구나.'라는 생각이 들었다. 열심히 살았지만 성과가 나지 않을 때가 있었다. 해답을 찾은 것은 한 장의 사진을 보고 난 후였다. 황무지처럼 보이는 너른 벌판의 사진이었다. 지하수가 어디에 있는지 모르는 상황에 우물을 만들어야 한다. 일단 체력과 열정을 믿고 그냥 파기 시작했다. 하루 종일 쉬지 않고 땅을 팠다. 깊은 구멍이 여기저기 났으나 결과적으로 지하수를 발견하지 못하고 번아웃이 되어 드러누운 느낌이었다. 그저 열심히만 했구나!

어떻게 해야 성과를 낼 수 있는지를 찾았다. 그러다 성공 공식이 있다는 것을 알게 되었다.

성공=ㅁ×노력^{2}이란다.

성공하려면 열심히 노력해야 하는 것은 맞다. 그것도 2배, 3배 정도의 노력이 아닌 제곱의 노력을 해야 한다. 노력은 아무 곳에 하는 것이 아닌 바로 재능에 해야 한다. 재능에 노력을 더하면 강점이 된다. 자기만의 강점이 있어야 성공한다. 강점을 이용해야 우물물을 제대로 팔 수 있다.

성공 공식이 맞는지 확인할 수 있는 실험 결과가 있다. 네브라스카 속독실험이다. 읽는 속도가 보통인 학생들과 읽는 속도가 평균 이상인, 읽는 것에 재능이 있는 학생들에게 훈련을 시킨 후의 변화를 살펴보았다. 보통속도로 읽는 학생들은 분당 90개의 단어를 읽었다. 속독에 재능이 있는 학생들은 350개의 단어를 읽었다. 두 그룹의 학생들에게 빨리 읽을 수 있는 방법을 알려주고 훈련을 시켰다. 재능에 노력을 더하게 한 것이다. 그 결과 평균속도로 읽는 학생들은 150개의 단어를 읽었다. 약 1.6배 속도가 빨라진 것이다. 속독에 재능이 있는 학생들은 2,900개의 단어를 읽었다. 무려 8배나 속도가 빨라졌다. 재능에 노력을 더하면 일반 사람들이 따라올 수 없는 강점을 만들 수 있고 나만의 차별성이 된다.

재능이 있으면서도 강점으로 개발은커녕 재능이라는 인식도 못하는 경우가 있다. 앞서 부정적인 경험이 있을 때 무의식에서의 거부인 경우를 이야기했다. 그 외 기본적인 태도에 문제가 있을 때다. 태도는 비즈니스에서 기본적으로 갖추어야 할 소양이다. 자신감, 확신, 용기, 배움, 절제, 긍정, 진정성, 책임, 공정, 관용, 배려, 겸손 등이 있다. 예를 들어 기업 강의에서 일이다. 30여 명의 인턴 사원들 중 단 1명이 표현 재능이 있었다. 표현력을 잘 개발하면 이 기업에서는 어느 누구보다 탁월한 강점이 될 수 있다. 평소 어떤 식의 표현을 잘하는지 물었다. 그랬더니 "저 표현 잘 안하는데요."라는 의외의 답변이 나왔다. 검사 진단지에 함께 표시되어 나오는 태도를 확인해 보니 자신감이 부족한 사람이었다. 자신감, 확신, 용기가 부족할 경우 남 앞에서 표현하는 것이 어려워진다. 절제나 책임감이 부족하다면 표현해야 할 내용인지 아닌지를 고려하지 않고 쏟아낼 것이다. 긍정이 부족하면 부정적인 표현을 할 것이다. 강점을 제대로 활용하기 위해서는 기본적인 소양인 태도를 갖추는 것이 필수다.

약점을 고쳐야 성공하는 것이 아닌가를 묻는 이들이 있다. 약점에 집착하는 이유는 약점 때문에 좋은 평가를 받지 못했던 경험의 영향이다. 실패에 대한 두려움 때문이기도 하다. 약점은 강점을 이용하는 데 방해되지 않을 정도로만 관리해주면 된다. 약점은 절대 강점 수준으로 발전할 수 없다. 끌어올리는 데 드는 노력과 시간을 강점을 만드는

데 사용하는 것이 훨씬 더 효과적이다. 골프 황제라는 별명을 가진 미국의 유명 골프선수 타이거 우즈는 골프 선수로서 치명적인 약점이 있다. 벙커에 들어간 공을 다른 선수들에 비해 잘 해결하지 못한다. 벙커에서 탈출하는 훈련을 해보았지만 효과적이지 않았다. 우즈는 반대로 강점을 극대화하는 전략을 썼다. 본인의 강점인 공을 원하는 지점으로 정교하게 보내는 샷으로 되도록 벙커에 들어가지 않는 훈련을 배로 많이 한 것이다. 성공한 사람은 대부분 강점에 집중한 사람들이다.

강점의 일을 할 때는 일을 하면서도 자체 충전되듯 에너지가 충만해진다. 그러나 강점이 아닌 일을 할 때는 배터리가 나가듯 방전이 된다. 동기부여가 강점인 사람이 있다. 다른 사람들이 힘을 내도록 격려하고 응원하는 일이 자연스러운 일이고 그렇게 해서 용기를 얻고 기뻐하는 사람들을 보면 덩달아 기쁨이 되었다. 동기부여가 강점이 아닌 사람이 있었다. 승진을 하여 팀장이 되었다. 팀원일 때는 굳이 다른 동료들을 동기부여를 해줄 필요가 없었지만 팀장이 된 후에는 팀원들을 잘 이끌기 위해 기분을 살피고 격려하고 응원하며 힘을 북돋는 일이 업무의 많은 부분을 차지했다. 처음에는 할 만했지만 거듭될수록 그 일이 너무 큰 부담이 되고 힘들었다. 결국 번아웃이 와서 퇴사를 하게 되었다. 사회생활을 하다 보면 상황에 따라 강점이 아닌 일을 해야 할 때가 있다. 강점이 아닌 일을 과하게 집중해서 하다 보면 번아웃이 올 수 있음을 미리 인지해야 한다. 중간에 쉼을 갖거나 다른 일들과 적절히 조율해서 관리하는 것이 필요하다.

누구보다 열심히 살았지만 성과가 없는 이유는 그저 열심히만 살았기 때문이다. 무턱대고 열심히 사는 것이 답은 아니다. 성공하고 싶다면 나에 대해 제대로 아는 것이 매우 중요하다. 강점이 무엇인지 약점이 무엇인지 좋아하는 것이 무엇인지 아는 것이 필요하다. 다른 사람보다 강한 부분을 더 강점으로 만들기 위해 의도적으로 시간을 보내야 한다. 강점을 성과를 내기 위한 무기로 만들어야 한다. 많은 사람들이 원하는 경제적 자유는 상위 5% 안에 드는 사람만이 얻을 수 있다. 5% 안에 들기 위해 탁월해져야 하고 탁월해지는 방법이 바로 강점을 이용하는 것이다.

재능을 찾고 그것을 탁월한 강점으로 만들어 이용해야 원하는 목표를 이룰 수 있다.

잘하는 일로, 좋아하면서, 나답게 살기

서성미

코칭을 통해 만나게 되는 고객님들의 주제의 빈도를 토대로 나름 순위를 매겨보면 1위는 "앞으로 무얼 하며 먹고 살까?"입니다. 다음은 가정과 직장 등 관계의 문제, 자기계발순입니다. 이 모든 고민은 저를 포함하여 많은 동시대를 살아가는 사람들의 이슈이자 풀어야 할 과제가 아닐까 생각됩니다. 나라는 존재가 누구이며 어떻게 살아야 할 것인가 청소년기 때 많이 고민하고 알아보고 도전해봤다면 좋을 텐데 바쁜 입시 준비로 그러지 못하는 아쉬운 현실입니다. 진로와 직업에 대한 충분한 탐구와 나에 대한 성찰의 시간 없이 단기 목표를 위해 열심히만 살다 보니 정작 목적지라 생각한 곳에서 현실자각타임을 갖게 됩니다.

보통은 현재 내 위치Where에서 목적지What을 정해 놓고 어떻게 도달할 건지How를 전략적으로 세워 시행착오를 줄여가며 열심히 나아갑니다. 도착하고 나서야 나는 누구지Who와 어떤 삶을 살고자 하는 건지Why에 대한 질문을 뒤늦게 던지게 됩니다. 그동안 목적지를 향해 열심히 달렸던 시간이 허사가 되는 현실을 맞은 꼴과 같습니다. 시행착오를 줄일 수 있는 방법으로 나에 대한 이해와 분석을 강점으로 시작해 볼 수 있습니다. 목적지를 결정하기 전에 나는 어떤 재능과 강점이 있고, 어떤 산업군과 직무를 맡았을 때 잘하는 일을 즐기면서 나답게 해 나갈 수 있을지 충분한 탐색을 할 수 있게 됩니다.

강점은 나답게 산다는 것이 어떤 것인지 내가 잘하는 일이 무엇인지 내가 좋아하는 일이 무엇인지 세 개의 원의 교집합에 속하는 영역을 발견할 수 있도록 도와주는 도구입니다. 김호 작가님의《쿨하게 생존하라》에서 직업의 4가지 영역을 소개합니다. 재미와 돈을 축으로 해서 4분면을 나눠 설명하고 있습니다. 재미도 있고 돈도 벌리는 행운의 영역, 돈은 안 되지만 재미있는 보람의 영역, 돈은 벌리지만 재미가 없는 생존의 영역, 돈도 안 되고 재미도 없는 불운의 영역으로 소개하고 있습니다. 내가 지금 쓰고 있는 시간은 어느 영역의 일을 하면서 보내고 있는지 한번 생각해볼 만한 문제입니다. 저는 생존과 보람의 영역을 병행으로 준비해오다 행운의 영역을 발견하고 정진하고 있는 중입니다.

강점을 알게 된 것과 더불어 성숙하게 사용해야 하는 긍정적인 발현 태도를 알게 되었을 때 탁월함과 성숙함을 함께 겸비해 나갈 수 있었습니다. 예전의 제 모습과 비교해 보면 확실히 사람을 대하는 태도나 일을 대하는 자세도 달라졌음을 느낄 수 있습니다. 강점을 바르게 인지하고 활용하는 것만으로도 업무에 대한 몰입도를 6배나 높여주고 행복한 삶을 살고 있다고 말할 확률이 3배나 높다는 미국 갤럽 조사 결과가 있습니다. 강점을 머리에서 가슴으로 받아들이고 수용한 뒤부터 똑같은 상황도 긍정적인 면을 더 볼 수 있게 해주었습니다. 역경을 견딜 수 있는 자신감과 힘이 생겼다는 것을 느낄 수 있습니다. 역경 또한 경력이 되어줄 것이며, 지금 나를 힘들게 하는 사람도 나의 역량을 강화시켜 줄 트레이너라는 생각까지도 하게 되었습니다.

강점은 살면서 풀어나가야 할 숙제를 만났을 때 이 또한 이겨낼 수 있다는 자존감을 갖게 하는 데도 도움을 줍니다. 머리로 파악한 강점을 가슴으로 받아들인다는 표현은, 과거에 몰입하고 보람을 느끼고 자랑스러운 순간이 강점과 연결되어 있다는 것을 수긍한다는 말과 같습니다. 이런 깨달음 뒤에 '내 강점 덕분에 지금의 내가 있는 거구나' 받아들이게 되고 에너지 레벨이 올라가는 것을 느낄 수 있습니다. 내가 나를 믿어주는 것만큼 소망의 크기를 키워나가고 도전하게 됩니다. 도전 과제를 실현해 나가는 방법 또한 각자의 강점에 맞게끔 전략적으로 해나갈 수 있습니다.

지금 내가 어떤 일을 잘하는지, 어떤 일에 즐거움을 느끼는지, 어떻게 반응하는 것이 편안하게 소통하는 방식인지 알고 싶다면 강점 진단을 통해 알아보길 추천드립니다. 내 삶의 이유와 소명과 비전을 찾는 일의 기초 작업이 될 것입니다. 나에 대한 분석이 끝난 뒤에 목적지와 그 길을 가는 방법을 찾아도 늦지 않습니다. 앞으로 무얼 해서 먹고살지에 대한 주제로 시작했지만 존재의 이유와 소명까지 찾을 수 있는 의미 있는 질문이라 쉽게 답을 내지 못하는 게 어쩌면 당연하다는 것으로 받아들이면 좋겠습니다.

청소년기 때 부단히 던져야 했던 나의 존재에 대한 질문에 대한 답을 찾으셨나요? 나는 무엇을 위해 태어났고 하고 싶은 것은 무엇인지, 무엇을 좋아하고 잘하는지 명확히 알고 계신가요? 저는 청소년기 때 형성해야 할 자기 정체성을 세 딸을 낳아 기르며 30대 중반에서야 던지기 시작했습니다. 답답함과 결핍에서 시작된 나에 대한 탐구를 통해 나라는 사람이 어떤 사람인지 알아가고 있습니다. 자유로운 발상은 새로운 일에 흥미를 느끼게 해주었습니다. 저의 긍정은 열정으로, 어떤 어려운 상황 속에서도 긍정적인 면을 믿고 도전하는 사람이라는 것을 알게 되었습니다. 공감을 통해 상대방의 선한 의도와 마음을 알아차림 해 주는 것이 즐겁고 보람찬 사람이라는 것을 알게 되었습니다.

내면의 힘을 내가 잘하는 일로, 좋아하면서,
나답게 행복하게 살아가고 싶어 오늘도 나다움을 발견해 갑니다.

가장 나답게 행복한 결과 만들기

조선정

나는 초등학교 때부터 줄곧 또래 평균보다 큰 체격을 유지해왔고, 때에 따라서 살이 아주 많이 찌는 시기와 조금 덜 찌는 시기가 번갈아 되풀이되는 중이다. 조금 편하게 살다가 체중이 특히 많이 늘면, 단기적으로 식단관리나 운동 등을 통해 감량했고, 다시 평상시대로 살다가 요요가 오면 또다시 감량하는 식으로 살아왔는데, 이제 나이가 들고, 당뇨라는 성인병까지 얻어서 20~30대만큼 그 조절이 쉽지 않게 되었다.

특히 올해는 초반부터 회사에서 큰 프로젝트가 시작되어 불규칙한 생활 때문인지 체중이 부쩍 늘고 매일 피곤하기만 했었다. 3월 초 매달 처방받는 당뇨 약을 받기 위해 병원에 갔을 때 혈당 체크를 해보니, 공복 혈당도 꽤 많이 올라가 있었다. 그러다 보니 내가 무언가 액션을 취할 때는 된 것 같은데, 쉽게 행동으로 옮겨지지가 않았다.

3월 중순, 태니지먼트 코칭 워크숍에 참석하게 되었고, 다시 한 번 나의 재능, 강점, 그리고 태도에 대해 깊이 생각해 보는 기회가 되었다. 자신의 재능에 투자하고 노력하고, 거기에 태도로 성숙함을 갖추어 강점으로 발현해 성과를 이뤄낼 수 있는 것을 코칭으로 다루는 시간이었다. "우선 달성하고자 하는 목표를 글로 작성하라!"라는 강사의 말이 왜 그날따라 더 마음에 와 닿았는지는 모르겠지만, 집에 돌아오자마자 지금 당장 달성하고 싶은 것은 무엇인지 생각해 보았다. 그리고 그 목표 달성을 위해 내가 어떤 방법을 사용할지도 개괄적으로 작성해 보았다.

비전	2022년 내가 추구하는 바, 피지컬 아름다움
목표	체중 감량하기
수치	공복 혈당을 100 미만으로 낮추기
기간	한 달
방법	식단관리와 규칙적인 운동

그리고 구체적으로 어떤 방법으로 이 목표를 달성할지에 대해 나의 재능과 강점을 고려해 보았다. 무엇인가 계획한 대로 행동으로 옮겨서 목표를 달성할 수 있는 내 재능을 통해 내가 가장 나답게 목표를 이뤄내는 방법, 그러면서 절제의 태도가 낮은 나를 슬기롭게 컨트롤할 수 있는 방법을.

먼저, A4용지에 크게 문장 하나를 적어 사무실 책상 통로 쪽에 붙여 동료들 모두가 볼 수 있게 했다.

"먹이를 주지 마세요. 제 이번 달 공복 혈당은 140입니다. 그리고 목표치는 100 미만입니다. 올해 내가 추구하는 바는 피지컬 아름다움이에요."

그간 뭐든 잘 먹는 나에게 다양한 간식을 제공하며 먹여 살려왔던 회사 동료들의 행동을 변화시켜 나의 식생활 환경을 통제시키는 게 가장 급선무였다. 그리고 식단관리 방법에 대해서는 한참 고민을 한 결과, 탄수화물은 포기할 수 없고, 삼시세끼 균형 잡힌 식사와 규칙적인 식사 시간 등을 위해 김밥 다이어트로 결정했다. 우리나라에 그토록 다양한 김밥이 있고, 쉽게 주변에서 언제든지 구할 수 있다는 점에서 아주 적절한 메뉴선택이 아닐 수 없었다. 매 식사마다 먹는 다양한 김밥의 단면 사진을 찍어 '#김밥다이어트 #00일째'라는 해시태그를 달아 SNS에도 포스팅하며 스스로 식단관리라는 목표 달성에 결의를 다짐하면서 재미까지 더할 수 있도록 해보았다. 운동을 위해서는 우선 날씨와 상관없이 언제든지 쉽게 시작할 수 있게끔 우리 집 앞 지하철 역사 빠르게 걷기를 실천하기로 했다. 걷기 운동에 천혜의 조건을 갖춘 왕복 200미터가 넘는 긴 지하철 지하도, 그리고 사람도 많이 다니지 않아 내가 불편을 느끼거나 남에게 피해를 줄 일도 없었다. 파워워킹으로 약 1시간 50분쯤 걸으면 10킬로미터 정도 걷게 되는데, 매번 스마트폰 운동 어플리케이션으로 목표 운동량 달성을 확인하고 스캔하여 이 또한 SNS에 포스팅했다. 남들이 봐주기를 원하기보다는 나 스스로 매일 목표치를 달성하고 이를 기록하는 데 더 큰 재미를 느꼈던 것 같다. 모바일 어플리케이션 중에, 정해진 기간에 익명의 사람들과 소정의 금액을 걸고, 특정 챌린지를 하는 것이 있는데, 매일 아침 체중을 재고 포스팅해서 변화를 체크하기도 했다.

이렇게 최초 계획한 바와 같이 한 달 조금 넘게 규칙적인 생활을 이어 나갔고, 다행히 7킬로그램의 체중 감량을 할 수 있었다. 공복 혈당을 90대로 낮추지는 못했지만, 그래도 100 초반대로 낮출 수는 있었다. 누군가에겐 별것 아닌 것처럼 보일 수 있으나, 익숙했던 생활 습관을 한순간에 바꿔야 하는 프로젝트였던 만큼 시작을 마음먹기는 쉽지 않았다. 그러나 너무나도 다행히 내가 충분히 즐길 수 있도록 재능을 활용한 장치와 환경들을 마련하여 신나게 진행되었던 관리 기간이었다. 단기간 가장 효율적인 방법으로 계획을 세우고, 바로 실천할 수 있는 행동력을 바탕으로, 작은 것이라도 매일매일 목표한 바를 달성해 나갔던 한 달이었다. 무엇보다도 나의 절제 태도를 도와줄 환경을 만들었다는 것이 성공의 발판이 된 것 같다.

체중뿐만 아니라, 앞으로도 무언가 목표를 이루고자 할 때, 내가 가장 좋아하고 잘하는 방법으로 해 나간다면 그것이 얼마나 힘든 일이건 행복하게 할 수 있을 것 같은 믿음이 생겼다.

태니지먼트 코칭 워크숍을 통해, 나 자신을 코칭 해보았다면,

이제 강점 코치라는 참다운 파트너로서,

주변에 행동 변화나 성과 도출을 희망하는 사람들에게

나의 행복한 성공 비법을 경험하게 하고 싶다.

‘나답게’를 위해 필요한 것들

박진희

요즘 자신의 성향을 알아보기 위해 MBTI를 많이 활용한다. 자신을 규정짓는 그런 틀이 참 맘에 들지 않지만, 나조차도 이런 검사는 대부분 진행해 보는 편이다. 심지어 미래가 궁금해서 무속인을 찾기도 하고, 사주팔자에 따른 나도 알아보러도 간다. 각각의 결과들은 맞는 것도 있고, 아닌 것도 있다. 왜 이런 것에 끌리는 걸까? 내 경우는 ‘나’라는 사람의 성격을 제대로 알고 싶고, 이런 사람은 어떤 미래를 그려가야 하는지 궁금해서다. 이런 결과들은 본인이 어떤 사람인지 확신이 들게 하고, 자신의 행동에 대한 명분이 돼 주는 편이다. 하지만, 자신의 모습을 100% 설명해 주는 검사는 없다. 지구에 존재하는 모든 사람이 다른 존재인데, 어떻게 몇 가지의 그룹으로 감히 나란 존재를 설명할 수 있겠는가!

자신을 알아가는 일은 삶 전반에 걸쳐 찾아야 할 인생의 목적이자 나답게 살아가기 위한 일이다. 누구보다 자신을 잘 알기 위해서는 관찰 시간이 절대적으로 필요하다. 주변 사람들이 나를 바라보는 데이터도 필요하다. 이렇게 모은 정보를 통해 분석해 보면, 나란 존재는 시스템을 만드는 일보다 그 안에서 단기적으로 열정을 폭발시키거나, 시스템을 업그레이드할 수 있는 아이디어를 내어 일할 때 성과가 좋은 사람이다. 취약한 부분도 많은데 그중 협업을 통해 이뤄내는 일은 잘하지 못했다. 협업을 잘하기 위해서는 일의 배분을 잘해야 하는데, 그 배분하는 작업이 가장 취약한 사람이 바로 나란 사람이다.

리더의 자리에 있으면서 배분하고 기다리지 못하는 편이라 협업이 어렵다는 것을 알게 되었다. 내 강점을 폭발시킬 수 있는 환경을 만들기 위해 보완해줄 조력자가 꼭 필요하다. 게다가, 저세상 텐션으로 혼자 돌격하는 걸 즐기는 성향이라 중간중간 잡아 주는 사람도 있어야 한다. 아이디어만으로 결과가 생기지 않는데 내 경우엔 그마저도 SF 영화에서나 나올 법한 비현실적인 아이디어인 경우가 많다. 그 아이디어를 현실로 만들 수 있도록 돕는 사람이 반드시 있어야 한다. 성과는 반복의 힘이 주는 강력함이 기반이 될 때가 많다. 반복을 극도로 싫어하는 나란 사람에게 이왕이면 프로세스를 만드는 사람이 파트너가 되어야 한다. 혼자선 완벽할 수 없고, 함께할 사람이 절대적으로 필요하다. 나답게 일하기 위해서는 팀을 구성하는 사람이 가장 중요하다는 답을 얻었다.

혼자 하는 일은 편하지만, 함께하는 일을 원한다. 함께하는 사람들에게 강력한 영향력을 미치며 살고 싶기에 관계를 기반으로 하는 구조도 필요하다. 어릴 땐 스스로가 조직에 맞지 않는 자유로운 영혼이라 생각해서 1인기업을 생각한 적도 있다. 하지만 2년 정도 혼자 학원을 운영했을 때가 가장 성취감이 낮았다. 그래서 관계에 대한 스트레스가 많아져도 절대 1인기업에 대한 독립을 꿈꾸지 않는다. 대신, 조직 안에서 상황과 관계를 보는 훈련들을 하며 극복하는 편이다. 이런 부분이 조금 더 나다운 모습으로 성장해 가는 과정으로 여겨지니 멈출 수 없다.

오랜 회사 생활 덕분에 시간 활용에 대한 부분은 완전히 내 스타일에 맞춰 사용한다. 성찰 시간은 여유 시간을 통으로 활용하는 것을 선호하고, 마감일이 있는 업무들은 기한이 닥쳐야 집중하는 편이라 마감 주간에 일이 집중된다. 최근에는 체력의 한계가 느껴지다 보니, 예전처럼 늦게까지 일하는 것이 힘들고 맘에 드는 결과물도 나오지 않을 때가 많아 몰아서 일하지 않으려고 노력한다. 그래서 할 일에 대한 마감일이 정해지면, 플래너 중간에 점검 일정들을 같이 표기한다. 이렇게 하면 놓치는 일이 줄어들고, 자연스레 마감 안에 일이 완성된다. 하지만 막판에 완전 갈아엎거나, 고치고 또 고치는 완벽을 위한 행동을 반복하다 보면 마감일 아침 해가 뜨는 흐름은 자연스럽다. 그 시간이 즐거운 걸 보면 몰입할 때 꽤 자유로움을 느끼나 보다.

일을 진행하다 보면 기대감이 클수록 스트레스도 비례하여 생긴다. 나는 상대의 감정에 대한 인식이 빠른 편이고, 그 감정에 대한 전염 속도 또한 빛의 속도 수준이다. 그래서 원하는 대로 되지 않으면 짜증과 함께 여러 가지 감정들이 몰아친다. 이 순간 감정들이 주변으로 튀는 것을 막기 위해서 상태를 객관적으로 인식하는 작업이 필요하다. 즐겨하는 방법은 좋아하는 장소에 가서 몇 시간 동안 머릿속에 떠오르는 것들을 모두 적어본다. 현재의 상태와 더 나아지기 위해 무엇이, 왜 필요한지 질문들도 쭉 적는다. 그 질문들에 대해 대답을 하는 방식으로 성찰의 시간을 보내면 불안했던 감정 에너지들은 정상범위로 돌아올 뿐만 아니라 훨씬 더 좋은 해결 방법들을 찾게 된다.

지금까지 경험하고 배우면서 알게 된 '나다운 삶'을 위해 필요한 조건들을 정리해 보면, 일하는 삶 안에서 함께할 파트너가 필수이고, 성장이 극대화될 수 있는 성찰의 시간, 목표를 위해 나눠야 할 최적화된 나만의 시간 단위, 몰입에 필요한 질문 등이다. 물론, 이 조건들은 타인을 위한 헌신과 조직에 대한 올바른 쓰임으로 기여하고 싶은 나만의 영향력이 밑바탕이다. 자신의 쓰임을 정하기 위해서 자신을 잘 알아야 한다. 그 과정에서 무수히 많은 실패와 아픔들이 존재하지만, 그것이 결국 진짜 자신의 쓰임이 무엇인지 발견하게 만든다.

많은 사업가의 실패작들은 성공작을 만들어 낸 순간, 그 바탕 혹은 연결고리가 되었다는 평가로 바뀐다. 과거에 세운 전략이나 과정의 평가는 늘 최종적인 결과가 결정하는 것이다. 나답게 살기 위해 나답지 않은 수많은 결과와 마주한다. 재능을 찾아 강점으로 만들고 그것이 잘 발현되는 환경을 찾고 만들어 낼 수 있다면, 나답지 않던 결과물들은 결국 온전한 나의 삶을 살 수 있게 하는 연결고리로 바뀔 것이다. 변화와 혁신은 거기서부터 시작된다.

삶은 무수한 선택의 결과물이다. 나다운 삶의 시작은 자신을 온전히 들여다보는 것으로부터 시작한다. 그 속에서 나다운 재능을 발견하고, '누구'와 '어디서' '무엇'을 '왜' 해야 할지 선택하는 것이다. 나를 찾아 떠나는 여행! 그 여정에서 나를 찾고, 상대를 이해하는 방법을 배울 수 있다.

'나답게' 사는 것이야말로 진짜 자유로운 삶이 될 것이다.
자유로운 영혼의 한 사람으로서 나다움을 찾아가는 일,
그것이 살아가는 진짜 이유가 아니겠는가!

자유롭고 즐거운 인생

차휘진

강점 발견은 해방의 시작이다. 서커스단의 어른 코끼리가 어린 시절부터 자신을 구속한 오래된 말뚝으로부터 자유로운 몸이 되는 것과 같다. 어린 시절부터 자신에게 한계를 만들었던 말뚝 같은 꼬리표들이 사라지고, 어른 코끼리로서 자유롭고 힘차게 걸어 나갈 수 있게 된다. 강점을 찾아 계발하기 시작하면서 말뚝을 뽑듯 꼬리표들을 떼어내었고 오래된 한계들을 뛰어넘었다. 그리고 많은 것들이 바뀌었다. 앞으로 어디까지 얼마나 달라질지 기대된다.

강점을 통해 4개의 꼬리표와 이별할 수 있었다.

끈기가 없다. "그거 금방 그만둘 거잖아."

22살에 서예를 배우기 시작했을 때 들었던 말이다. 그 말을 듣고 유쾌하지 않았지만, 반박할 수 없었다. 컴퓨터, 피아노, 바이올린, 태권도, 드럼, 어쿠스틱 기타, 미술, 독서 지도, 논술, 중국어, 일본어, 한

자, 보컬 트레이닝, 각종 학원 및 과외 등등. 하다가 그만둔 것이 많았다. 그래서 주변은 말할 것도 없이 스스로 끈기가 없다고 생각했다. 하지만 그렇지 않았다. 끈기 있게 달려들 분야를 찾지 못했고, 끈기를 발휘할 나만의 방법을 찾지 못했을 뿐이었다. 강점 사용에 집중하다 보니, 강점과 관련된 건 무리하지 않아도 끈기 있게 하고 있었다. 스물세 살에 처음으로 끈기 있다는 말을 들었다. 그 순간을 잊을 수가 없다. 그 이후로 서서히 끈기 있다는 말을 듣고 있다. 내 인생에는 절대 없을 것만 같고, 남의 것만 같았던 끈기가 내게도 있었다. 지금은 주변에 언니만큼 끈기 있는 사람은 없다는 말을 들을 정도다.

집중력이 약하다. "왜 그렇게 책상에 오래 앉아 있지를 못하니."

고등학교까지는 공부하려고 앉았다가 책상 치우고, 게임하고, 거실에 나가서 TV 보는 게 기본이었다. 책상에 앉아 있는 시간이 짧았다. 공부하러 독서실에 갔지만 만화책만 읽다가 나오는 날도 있었다. 그렇게 하고 집에 돌아가는 날은 유쾌하지 않았다. 그러다 독서실도 나가지 않게 되었다. 뭐든 책상 앞에 오래 앉아야 하는 일은 할 수 없겠다고 생각했다. 게임은 몇 시간씩 시간 가는 줄 모르게 하면서, 공부는 한 시간도 집중하지 못하는 자신을 보는 게 괴로웠다.

대학교에서 공부하고 싶은 것들을 배우기 시작하니, 집중 지속 시간이 길어지기 시작했다. 학습 강점을 통해 나에게 맞는 집중 방법을 찾아낸 뒤로는 더 길어졌다. 스물다섯 즈음에, 화장실 다녀오는 시간을 제외하고 5시간 이상 집중해서 일한 날이 있었다. 오랫동안 책상에 앉았다는 사실에 놀라고 벅찬 감동에 빠졌던 기억이 있다. 강점을 집중해서 사용하면, 한참 동안 책 읽고 공부하거나 업무에 몰입할 수 있게 되었다. 고등학생일 때는 집은 집중할 수 없으니까 공부가 안 되는 곳이라고 생각했다. 그런데 이제는 집에서도 일하고 공부할 수 있게 되었다. 이 글도 집에서 쓰고 있다. 강점을 사용해서 하고자 하는 일들을 하다 보면 자연스럽게 몰입하게 됐고, 문득 행복한 자신을 발견하게 된다.

게으르다. 게으름은 평생 싸워야 할 인생의 과제인 줄 알았다.

그런데 현재는 그런 생각을 했던 것도 잊고 있었다. 자신을 게으르다고 생각했던 게 믿기지 않을 정도로, 최선을 다해 현재를 살아가고 있다. 초, 중, 고등학교, 21살까지만 해도 시간을 허송세월 보내고 공부를 안 하고 놀아서 괴로웠다. 시험 기간에도 공부를 안 하고, 하려고 해도 잘 안 되는 현실이 괴로워서 울었고, 휴학한 반년 이상을 건설적으로 사용하지 못한 것을 자각했을 땐 괴로워서 잠을 자지 못했다. 그 시간이면 책을 보든 할 수 있었을 텐데 집에서 게임하고 웹툰만 많이 봤던 것 같다. 그런 자신을 많이도 탓했다.

지금은 어떻게든 시간을 쥐어짜며 몰입감이 높은 시간을 쓰고 있다. 달성 강점에 집중해서 그렇다. 달성 강점을 어마어마하게 사용하면서, 원하는 것들을 현실로 이루어내기 위해서 최선을 다하고 있다.

약하다. 어릴 때부터 약하다, 힘이 없다, 여리다는 말을 많이 들었다.

대학생 때는 사회에 나가면 상처를 많이 받고 고슴도치처럼 가시 많은 사람이 될 것 같아 걱정된다는 말을 들은 적도 있다. 그래서 남들의 말처럼 자신을 약한 사람으로 생각하고 살았다. 대학교 졸업 전에는 세상에 나가는 것이 참 두려웠다.

강점을 발전시키기 위해서 노력하고 강점을 발휘한 시간이 쌓인 지금은 다른 말을 듣는다. 강직하다, 대단하다, 보통이 아니다, 멋있다, 깡이 있다, 독하다. 지금 돌아보면, 약한 것이 아니라 나다움과 내 강점을 꽃피우지 못했을 뿐이었다. 이제는 타인의 평가로 나를 단정하지 않는다. 두렵거나 벅차고 힘든 시간도 있지만, 강점들을 발휘하며 이전보다는 빠르게 회복하고, 나답게 도전하며 성과를 냈다.

강점을 활용하고, 나를 한정하던 꼬리표를 떼면서 몇 가지 변화가 있었다.

정서가 달라졌다. 종종 찾아오던 불안과 긴장감이 줄었다.

내가 어떤 사람이고 무엇을 잘하는지 이해하는 것에서 오는 안정감, 강점을 사용하면 잘될 수 있겠다는 희망과 자신감, 앞으로 더 성장할 수 있겠다는 확신, 미래가 더 나아질 것이라는 안도, 강점을 사용해서 성과를 내며 성장하는 즐거움. 덕분에 어려운 상황에 있더라도 회복하는 속도가 빨라졌고, 전반적인 태도가 개선되었다. 해야만 한다는 의무로 움직이거나 불안해서 준비하기보다는, 어떻게 하고 싶은지 기대하는 미래를 만들기 위해 원하는 방향으로 행동하게 되었다. 문제가 발생했을 때는, 문제 상황이나 감정에 매몰되기보다 해결책에 집중하게 되었다. 심리적 감정적 에너지 낭비가 줄고 마음이 자라났다.

관계가 달라졌다. 사람을 대할 때, 강점이 무엇인지 호기심을 가지고 바라보게 되었다.

판단하기보다 이해하게 되었다. 사람마다 강점이 다른 것을 받아들이면서, 타인과 나의 다른 점을 전보다 더 수용하게 되었다. 덕분에 관계가 편안해지고 여유가 생겼다. 이전에는 도대체 왜 그러는지 답답하거나 영문을 몰라서 눈치를 많이 봤다. 지금은 저 사람이 '완벽'하게 하고 싶어서 저렇게까지 하는구나, 이 사람이 '전략'을 세우느라 대답하기까지 시간이 필요하구나. 이 친구가 '문제발견' 강점이 있어서 많은 포인트를 피드백했구나. 이해되었다. 대인관계가 편해졌다. 스트레스가 줄고, 태도가 유연해졌다.

강점을 통해 나다움을 수용한 뒤로는, 예의는 지키되 나 자신을 억지로 꾸며내지 않았다. 타인의 평가에 위축되거나 눈치 보던 것이 줄었다. 나 자신과의 관계가 편해진 것이 타인과의 관계에도 편안해질 수 있도록 영향을 미쳤다.

역량이 강화되었다. 강점을 능동적으로 활용하면서 업무 능력이 향상되었다.

강점을 받아들이게 되면서 자연스럽게 약점을 인정하게 되었다. 강점과 약점을 알게 되니, 계획이나 전략을 세우는 것이 쉽고 빨라졌다. 어려운 일은 약점으로 애쓰기보다, 강점 중심으로 도전하게 되었다. 강점을 통해 나에게 맞는 학습 방법이나 업무 방법들을 찾아가면서 약점을 보완했다. 강점으로 보완이 안 되는 약점은 가능자에게 도움을 요청했다. 결과적으로 업무 처리 시간이 단축되었다.

강점은 한계를 뛰어넘어 자유롭고 즐거운 인생으로 들어서게 한다. 강점을 강화하며 능동적으로 활용하면 역량뿐 아니라 태도, 정서, 말과 행동 등 많은 것들이 개선되고 나만의 매력이 선명해진다. 남만 부러워하던 내가 남부럽지 않은 내가 되었다. 나 자신으로 사는 것이 점점 더 좋아진다.

어릴 때부터 DJ DOC의 〈DOC와 춤을〉이라는 노래를 좋아했다. 나에게 힘을 주었던 그 노래의 가사 중 단어 하나를 바꾸어 개사해본다.

사람들 눈 의식하지 말아요. 신이 나게 살아갈 수 있어요.

내 '강점'에 사는 이 세상이에요. 자신을 만들어가요. 이렇게.

원하는 것을 이룬,
삶의 최상의 버전이 궁금하다면

우근영

살아가면서 여러 가지 선택의 순간을 만난다. 혼자서는 도저히 최선의 의사결정을 내리기가 어려운 순간들이 있다. 고민 끝에 내려지는 결정들은 최상의 결과가 나오지 않거나, 일정 수준에서 머무는 경험을 하게 된다. 힘겹게 내가 원하는 목표를 달성하더라도 성취감을 느끼기보다 부족했던 부분이 먼저 떠오르며 아쉬운 감정을 느끼게 된다. 이런 선택의 순간에 자신의 재능과 강점을 알고 있다면 생각하는 것 이상의 결과를 끌어낼 수 있다. 그것이 바로 코칭의 힘이다.

나 역시 불과 3년 전까지만 해도 새벽 4시부터 자정까지, 앉아 있어도 숨이 찰 정도로 바쁘게 하루를 보냈다. 직장일, 육아, 가정 운영, 자기계발을 위한 독서에 공부 등, 그렇게 겉으로는 누구보다 열심히 살아가는 것처럼 보였지만 행동하는 만큼 뚜렷한 결과는 없었다. 늘어나는 것은 피로와 분위기에 휩쓸려 결제하고 끝까지 다 듣지도 못한 인터넷 강의들이었다. 그 와중에 변화하는 시대에 맞춰 성과를 내는 주변 사람들을 보면 나도 뭔가를 더 해야 할 것 같은 불안함이 사라지지 않았다. 직장에서도 내가 어떤 성과를 더 낼 수 있을지 자신을 의심하며 힘들어했다.

그래도 분명한 것은 나의 강점이 일정 부분에서 적절히 잘 발휘되고 있었다는 것이다. 행동과 몰입의 재능으로 영어 공부를 꾸준히 해오고 있고, 아주 소중한 공부 도반들도 만나게 되었다. 이들과 함께 매주 한 권 책을 읽으며 하브루타 독서토론을 하고 삶에 관한 공부를 하며 나를 소중히 대하는 연습을 2년째 꾸준히 해 오고 있다. 이 경험들은 2021년 연말쯤 인생 코치님들을 만나면서 나의 강점을 더욱 강점답게 발현시킬 기회로 확장되었다. 그리고 삶의 목표와 목적도 분명해졌다. 강점을 찾고, 코칭을 받으며 마치 지금까지 눈앞을 뿌옇게 가로막고 있던 안개가 걷힌 느낌이었다.

코칭을 받으며 나의 삶은 훨씬 심플해졌다. 수면시간도 늘었고, 회사에서도 새로운 시도를 하며 성과를 내고 있다. 그리고 강점 코치이자 퍼포먼스코치가 되고자 하는 목표를 향해 거침없이 행동하고 있다. 그 결과 2년 전보다 더욱 많은 성과를 내고 있다. 코칭을 통해 삶의 의도를 명쾌하게 세울 수 있었기 때문이다.

최근에 나는 사람들이 최고 버전의 자신과 만날 수 있도록 돕고자 코칭을 공부하고 있다. 그 외에 상담을 위한 공부를 하고 자격증들을 취득했다. 강점 코치와 한국 코치협회의 코치 과정을 공부하며 이전보다 더욱 다양한 사람들을 만났다. 그리고 이들과 서로 발전하는 관계를 꾸준히 유지해오고 있다. 더욱이 강점 코칭을 받으면서 사람들의 태도와 감정에 대한 이해가 높아졌다. 이전에는 도저히 이해할 수 없고, 나를 공격하는 것 같던 상황들을 강점의 시선으로 바라보면서 상황을 더욱 유연하게 대처할 수 있게 되었다.

최고가 되어야 살아남을 수 있는 세상에서, 유일한 '내'가 되어 삶의 만족도를 높이며 살아갈 수 있는 시대가 왔다. 그런 세상에서 과연 어떤 모습으로 살아가기를 원하는지 생각해 본다. 이전에는 과거에 내가 성공했던 모습을 기준으로 미래를 그리곤 했다. 그래서인지 일정한 크기를 벗어나지 못했다. 하지만 지금은 내가 정말 원하는 것을 모두 이룬 최상의 모습부터 생각한다. 제한 없이 성장하는 것을 느끼며 바로 그 느낌을 현실로 만들 수 있다면 무엇부터 해야 할지 계획한다. 생각 이상의 결과는 특별한 사람들만 만들어내는 것이 아닌 누구나 만들어 낼 수 있다. 다만, 우리가 그렇게 할 수 있다고 자신을 온전히 믿고 행동해야 가능하다. 그 행동은 남들이 좋다고 정해 놓은 것을 따라 해보는 것이 아니다. 나의 재능에 노력과 시간을 더하여 강점으로 발전시켜 나갈 때 생각 이상의 결과를 내는 것이 가능하다.

지금 누구보다 열심히 잘 생활하고 있지만, 불안한 마음에 새로운 것을 계속 찾고 있다면. 내가 무엇을 좋아하는가에 관한 질문에 명쾌하게 답할 수 없다면. 강점 검사를 도구로 꼭 사용하라고 말해주고 싶다. 단순히 자신이 어떤 유형인지 확인하는 것이 아닌 성장을 돕는 '개발 도구'로 재능의 요소들을 살펴보면서 강점을 개발할 수 있기 때문이다. 그리고 이것을 다양한 질문을 통해 올바르게 해석하고, '나' 다움을 제대로 찾아가기 위해서는 강점 코치의 도움이 필요하다.

나는 강점 검사를 통해 '나'다울 수 있는 기회를 찾았다. 그리고 코칭을 통해 삶이 변화하는 경험도 하고 있다. 그 과정에서 최상의 모습을 그리며 나아가고 있다. 즉, 자신의 강점을 명확하게 알게 된다는 것은 정신적 강인함, 창의적 문제해결, 삶에 대한 리더십과 개인 효율성을 극대화할 수 있는 도구를 갖게 되는 것이다.

강점은 변화하고 발전할 수 있다. 즉, 강점을 개발하는 것은 학습 과정임을 기억해야 한다. 재능, 강점, 태도는 개인의 상황과 환경에 맞게 개별화되어 있다. 단 한 번의 결과를 확인하는 것에서 그치는 것이 아니라 행동하며 적용하고 발전시켜야 한다. 강점은 우리에게 있는 최고의 자질을 끌어낸다. 그래서 우리가 더 많은 것을 성취하고 삶을 더 만족할 수 있도록 한다. 강점을 개발하는 것은 성과를 높일 뿐만 아니라 한 사람으로서 자신에 대해 더 많이 배우는 데 도움이 된다. 개인의 강점은 각각 다르지만 한 가지 측면은 변함이 없다. 강점은 어떤 형태로든 자신에게 이익이 된다는 것이다.

우리는 각자의 모습으로 모두 소중한 존재이다.
고유한 자신만의 가치를 확인하고, 명확한 이해를 하면서
강점을 찾고 개발할 필요가 있다. 이를 통해 자신 스스로가
특별해지는 경험을 꼭 할 수 있기를 바란다.

내 안의 영웅을 깨우면 변화가 시작된다

김재은

더는 살 수 없는 곳에 사는 사람들을 생각하며
우연히 스치는 질문 – 새는 어떻게 집을 짓는가
뒹구는 돌은 언제 잠 깨는가 풀잎도 잠을 자는가,

– 〈모래내 1978년〉(이성복, 1980)

이성복 시인의 시를 읽으면서 길에 아무렇게나 굴러다니는 돌이 떠올랐다. 행인들의 바쁜 발걸음에 이리저리 채는 돌. 그곳에 있어야 할 어떤 이유나 목적 없이 뒹구는 돌. 존재하지만 존재하지 않는 돌. 시 속 화자처럼 우연한 질문들이 스쳤다. 나도 돌처럼 이리저리 구르다 알 수 없는 곳으로 점점 밀려나는 게 아닐까. 내가 있어야 할 곳을 어떻게 찾아갈 수 있을까. 뒹구는 돌은 언제 잠에서 깰까.

2020년 봄, 길었던 아이들의 겨울방학과 봄방학이 끝나갈 무렵 '코로나'가 일상을 덮쳤다. 3월이 되었지만 새 학기는 시작되지 않았다. 이전에 진행했던 개인 브랜딩 프로그램 〈두 번째 도서관〉이 좋은 반응을 얻어 시즌2를 준비하던 중이었다. 뜻이 맞는 동료들과 함께 공부하고 책을 쓰는 프로젝트도 진행하고 있었다. 하지만 학교에 가지 못하고 온종일 집에 갇혀 지내는 아이들을 챙기는 일이 우선이었다. 코로나가 언제 끝날지 기약 없는 상황에서 준비하던 일이 하나, 둘 무산되었다. 생계를 걱정하지 않고 아이들을 직접 돌볼 수 있다는 데 감사하며 하루하루 버텼다. 하지만 마음이 점점 분리수거장의 재활용 캔처럼 밟히고 쪼그라들었다. 아무것도 아닌 일에 아이에게 언성을 높이며 눈물범벅이 된 어느 날 아침, 큰일이구나 싶었다. 내가 사라진 것 같았다.

이상한 일이었다. 아이들 학교도, 내 일도, 모든 일상이 멈췄을 때 불현듯 아버지 생각이 났다. 평생 가족을 위해 살아온 황소 같던 아버지는 몸이 불편해지신 뒤 일을 멈추셨다. 재활 끝에 휠체어를 타고 생활하실 수 있게 되었고, 고향 통영으로 내려가 동네 풍경을 그리신다. 전에는 붓을 들어본 적도 없는데, 유튜브 강좌를 보면서 혼자 그리는 법을 익히셨다. 그림에 몰두하는 동안은 아픔을 잊으실 수 있었다. 색깔들은 수채 종이 위로 화려하게 번져나갔다.

몇 해가 지났다. 마음과 다르게 일이 바쁘다는 핑계로 통영에 계신 부모님을 자주 찾아뵙지 못했다. 먼저 연락드린 적도 거의 없는 무심한 딸이었다. 코로나 상황까지 겹치면서 한참 만에 통영 부모님 댁에 내려갔다. 그사이 어머니는 아버지가 그린 그림들을 정성껏 액자로 만들어 집 곳곳에 걸어놓으셨다. 깜짝 놀랐다. 내 눈엔 혼자 보기 아까울 정도로 아름다웠다.

서울에 올라왔다. 유난히 비가 많은 잿빛 초여름이었다. 통영의 푸른 물결과 섬 풍경을 담은 아버지의 수채화 그림을 소셜미디어에 올렸다. 아무런 설명도 달지 않았는데 사람들은 통영이란 걸 알아보며 좋아해 줬다. 신기했다. "힘든 시기에 보고만 있어도 마음이 편해집니다.", "코로나로 바다 한 번 못 가는 올해 위로가 됩니다." 댓글을 보면서 나 역시 위로와 용기를 얻었다. 4주 동안 아버지와 나눈 이야기와 그림을 올리면서 온라인 전시회를 이어갔다. 하루하루 놀라운 경험이었다. 매일 어떤 그림과 이야기를 올릴지 생각하면 아침 일찍 눈이 저절로 떠졌다. 직접 독립 출판을 배워서 책을 만드는 동안엔 식사 시간을 훌쩍 넘겨도 배가 고프지 않았다. 일인 출판사를 등록하고, 인쇄소에 감리를 나가고, 서점에 책을 입고하고, 주문이 들어오면 직접 포장해서 배송까지. 전부 처음 해보는 일이었지만 새롭게 배우고 조금이라도 더 나아지도록 노력하는 과정 하나하나가 힘들지만 즐거웠다. 어느새 무기력한 내 모습은 사라지고 없었다.

아버지의 그림과 이야기를 한 권의 그림책으로 펴냈다. 책은 뜻밖에 과분한 관심과 사랑을 받았다. 어느덧 코로나가 잦아들기 시작한 지난봄 통영에서 첫 전시회도 열렸다. 아버지는 "내 일 같지 않다. 부끄럽다." 하셨다. 하지만 꼬마 관람객들이 아버지의 어린 시절 추억이 깃든 그림들을 보고 '우리 동네'라며 좋아하는 모습에 가슴이 뭉클하다 하셨다. 그 모습을 보며 나도 무척 행복했다.

모든 게 멈춘 것 같았던 순간, 가장 중요한 게 무엇인지 깨달을 수 있었다. 바쁘다는 이유로 미뤄뒀던 마음의 우선순위에 따라 행동할 수 있었다. 돌아보면 인생의 힘들었던 시기마다 나는 강점을 발휘해서 어려움을 극복할 수 있었다. 취업의 문턱에서 좌절했던 졸업 무렵 대학생 웹진 기자로서 경험과 역량을 담은 책《내 삶을 자유롭게 하는 힘》을 만들 때, 마흔 무렵 정체성의 위기를 극복하고 인생의 시즌2를 준비하기 위한 개인 브랜딩 프로그램 〈두 번째 도서관〉을 진행할 때, 태니지먼트에서 강점 코칭을 배우고 주변 사람들이 진정한 자신의 모습을 깨달을 수 있도록 도울 때, 나는 생생하게 살아 있다고 느꼈다. 가야 할 곳을 향해서 힘차게 달리고 있었다. 깨어 있었다.

목적이 없으면 우리는 잠들어 있는 돌과 같다. 이리저리 굴러다닐 뿐이다. 강점을 발견하는 것은 내가 누구인지 아는 일이다. 내가 가진 힘으로 하고 진정 가치 있는 일을 하고 싶다는 목적을 깨닫는 일이다.

강점을 발견하면 내 안의 영웅을 깨울 수 있다.
시련 속에서도 자신만의 강점과 목적을 발견한다면
누구나 새로운 봄날을 맞을 수 있다.

Who에서부터 시작하자

이재욱

2020년. 회사에 입사한 지 어느덧 5년 차.

요즘 들어 입석으로 버스를 탈 기운이 없다. 가방은 크게 든 것도 없는데 무겁게 느껴진다. 30분 정도의 버스 거리지만 앉아서 쉬면서 가고 싶다. 출퇴근 길은 왜 이렇게 멀게 느껴지는지 불만도 스멀스멀 올라온다. 앉아가기 위해 버스 한 대를 보내고 다음 버스를 기다렸다 탔다. 앞쪽의 좌석부터 차곡차곡 채워진다. 나는 3번째 창가 좌석에 자리를 잡았다. 모든 좌석이 다 채워지고 입석 줄의 사람들도 하나둘 채워진다. 버스 통로가 가득 채워지고 입구 계단까지 마지막 사람이 올라서자 문이 닫히고 버스가 출발했다. 퇴근길에 멍하니 창밖을 보며 집으로 향했다. 출발한 지 얼마 지나지 않아, 갑자기 가슴이 답답해 왔다. 왠지 모르게 산소가 부족하게 느껴졌다. 코로 숨을 아주 힘껏 깊이 들이마셔 보아도 계속해서 가슴이 답답하다. 숨이 잘 쉬어지지 않았다. 버스를 내리고 싶었다. 하지만 만원 버스에 입구까지 가득

차 있는 사람들을 뚫고 내릴 자신이 없었다. 더군다나 수원 집에 도착하기 전까지는 하차할 수 있는 정차지라고는 의왕휴게소가 유일한데, 휴게소까지도 아직 한참을 가야 한다. 너무 힘들었지만 방법이 없었다. 창문을 살짝 열고 창문 틈으로 입을 내밀고 천천히 심호흡해나갔다. 다행히 조금 효과가 있었다. 숨을 다시 한번 깊이 들이마시니 조금은 답답함이 사라져 갔다.

처음 겪은 답답함이었다. 너무 갑갑했고 아무것도 할 수 없는 내가 초라하고 미약하게 느껴졌다. 실제 상황에서 할 수 있는 조치도 없었지만, 문득 이게 말로만 듣던 공황장애인가 하는 생각이 들었다. 차 안이나 비행기 안 등 폐쇄된 공간, 내가 어찌할 수 없는 공간에서 숨이 잘 쉬어지지 않는 현상이 공황장애 현상 중 하나라고 들었던 적이 있다. 왜 이렇게 갑갑했을까? 무엇이 문제였을까? 문득 집 회사, 집 회사 반복적이고 무효한 나의 일상이 문제라는 생각이 들었다.

'나는 누구지?' '나는 지금 뭐 하고 있는 거지?' '평생 이렇게 살아야 하나?' '이 일 안 하면 안 되나?' '내가 진짜 좋아하고 잘하는 일은 뭐지?'……. 공허했다. 여러 복잡한 생각들이 머리를 맴돌았지만 이렇다 할 해답도 떠오르지 않았다.

집과 회사에 가는 일 외에 다른 일을 하지 않았다. 가끔 하던 소셜미디어도 보지 않은지 오래다. 친구들과 지인들을 만난 지도 오래되었고 어떻게 사는지 모르겠다. 내가 개발자로서 기본 지식과 실력이 부족하다는 팀장님의 피드백에 따라 지인과 만남을 최대한 줄였다. 아내도 회사 일로 바쁘다 보니, 각자 저녁도 회사에서 먹고 들어오기

일쑤였다. 거의 하루의 대부분을 회사에서 회사 사람들만 만났다. 업무와 야근, 회식의 반복이었고 집에서는 거의 잠만 자고 다시 나왔다. 또다시 슬럼프가 찾아왔다고 생각했다. 입사 3년 차쯤에도 슬럼프가 찾아왔었다. 높은 업무 강도와 잦은 야근, 그리고 잘 마시지도 못하고 원하지도 않는 술을 억지로 마셔야 하는 회식 자리가 나를 힘들게 했었다. 당시에는 헬스와 요가를 시작하면서 다시 삶의 활력을 찾았다. 계모임 친구들, 공감 클래스 사람들과 만남도 첫 슬럼프 극복에 도움이 되었었다.

이번에도 삶에 변화가 필요하다고 생각했다. 배드민턴 레슨을 받아보기로 했다. 울산에 가서 종종 아버지 클럽에서 배드민턴을 쳐보았는데, 땀도 많이 나고 재미가 있었다. 이전과 마찬가지로 몸을 움직이며 기분 좋은 땀을 흘리면 나아질 듯했다. 실제로 이번에도 효과가 있었다. 아침 일찍 첫 타임 배드민턴 강습을 받으며 기분 좋은 땀과 샤워로 하루를 시작할 수 있었다. 수원 배드민턴 클럽을 찾아서 주말에 새로운 사람들과 함께 배드민턴 경기도 참여했다. 초보자인 나에게 경기 운용과 자세도 알려주고 난타도 함께 쳐주는 클럽 사람들 덕분에 더욱 흥미도 생겼다. 유튜브를 찾아보며 연습하였고 재미를 느낄 수 있었다. 삶에 조그마한 변화를 통해서 다시 찾아온 두 번째 슬럼프를 잘 극복해 나갔다.

코로나가 시작되면서 강습은 중단되기 일쑤였다. 배드민턴을 못 치게 되어 아쉬웠지만, 또 다른 변화도 찾아왔다. 회사에서의 저녁 및 회식비 지원이 중단되었다. 시기적으로 주 40시간 근무제가 도입되면서 야근 지양 지침도 내려왔다. 야근 및 식대 지원을 받으려면 부서장의 승인이 필요했다. 자연스레 야근이 줄어들었고, 원하지 않는 회식을 참여하지 않아도 되었다. 덕분에 아내와 함께 저녁을 먹을 수 있는 날이 많아졌다. '짱짱이'라는 태명을 가진 공주님도 아내의 뱃속에 찾아왔다. 코로나 덕분에 각종 오픈채팅방이 늘어나면서 자기계발을 화상 미팅을 통해서 집에서도 받을 수가 있었다. 그곳에서 만난 소중한 인연들 덕분에 나를 알아가고 발견해 가는 시간도 만들 수 있었다. 그렇게 내가 누구인지, 내가 좋아하고 잘하는 게 무엇인지를 고민하는 시간을 가질 수 있게 되었다. TCI검사를 통해 내가 가지고 태어난 기질과 성격도 확인해 볼 수 있었고 에니어그램을 통해 나의 유형이자 본질도 알게 되었다. Strength finder와 태니지먼트 강점 검사를 통해 나의 강점도 인지하게 되었다. 특별히 태니지먼트 코치 과정을 통하여서는 Who에서부터 시작하는 개념을 알게 되었고 이 개념을 통하여 사람들을 돕는 강점 코치가 되고 싶다는 생각도 가지게 되었다.

Six Logical levels라고 하는 신경 논리학적 단계가 있다. 피라미드 구조를 가진 이것은 상위 단계가 바뀌어야 하위 단계가 바뀐다는 개념이다. 위에서부터 목적성What else, 정체성Who, 신념Why, 스킬How, 행동What, 환경Where의 순서를 가진다. 우리는 보통 직장을 구할 때 아래의 단계에서부터 시작한다. 예를 들면 이렇다. "내 상황이 어떻지? 내가 할 수 있는 일이 없을까?" - "괜찮은 직업은 뭐지? 나는 뭐부터 해야 하지?" - "어떻게 그것을 할 수 있을까? 그 일을 위해 필요한 능력이 뭐지?" 대개는 이 정도의 고민을 하고 자신이 처한 주변환경과 사회에서 말하는 괜찮은 직업에 맞춰 스펙을 쌓고 직업을 구한다. 이렇게 되면 결국 "나는 왜 이 일을 하고 있지? 안 하면 안 되나?" - "나는 누구지? 나는 무엇을 잘하지?"와 같은 신념과 정체성의 문제에 부딪힐 수 있다. 내가 두 번째 슬럼프를 겪으면서 경험했던 질문처럼 말이다.

그런데, 만약 상위개념인 정체성Who에서부터 시작하면 어떨까? 예를 들면 이렇게 말이다.

"가장 나다운 모습은 무엇일까?"-"나에게 의미 있는 일은 뭐지?" -"그 일을 하려면 어떻게 해야 할까?"-"무엇을 주도적으로 해나가면 되지? - "어디에서 그 일을 시작해 볼까?"와 같이 상위개념에서부터 직업을 구한다면 아무래도 조금 더 순조롭고 탁월하게 자신이 원하는 직업을 구할 수 있게 될 가능성이 크다. 물론 이 정체성who에서부터 시작하기란 쉽지 않다. 대부분 사람이 내가 누구인지, 내가 가진 강점이 무엇인지 알지 못하기 때문이다.

평형상태에 있는 물건을 기준면으로부터 들어 올려 위치에너지를 가질 수 있게 하기 위해서는 힘이 필요하다. 마찬가지로 정체성을 가지고 있지 않은 사람들을 Who에서부터 시작할수록 돕는 일에도 힘이 필요하다. 이 힘을 보충해주는 데 필요한 조력자가 바로 강점 코치다. 내가 누구인지, 내가 가진 강점은 무엇인지를 인지할 수 있도록 돕고 그것을 개발할 수 있도록 도와주는 역할을 하는 것이다.

나는 이 Who에서부터 시작하는 개념을 알고, 나의 강점을 인지하면서 내가 현재 몸담은 조직과 역할 등에서 나의 강점인 동기부여와

외교를 어떻게 발휘할 수 있을지 고민하고 실천해 가고 있다. 자신의 강점을 알고 지속해서 발휘해 나가는 것은 내가 원하는 욕구를 채우고 재능을 발휘하는 일이다. 내가 가진 강점을 발휘하는 일은 큰 에너지를 소모하는 일이 아니며 오히려 내가 가진 무한한 에너지를 사용하는 일이기 때문에 삶의 만족감을 높여준다. 삶에 만족감이 올라가면 자존감이 높아지고, 자존감이 높아진다는 것은 조금 더 행복하고 탁월한 삶을 살아갈 수 있다는 것을 의미한다. 혹, 나에게 다시 슬럼프가 찾아온다고 해도 이제는 두렵지 않다. 내 정체성을 다시 한번 살펴보고 내가 가진 강점을 잘 활용하는 방법을 찾아 실천해 나가면 자연스레 극복할 수 있다는 사실을 알았기 때문이다.

Who에서부터 시작해 보자. Who에서부터 시작해 강점을 활용하고 탁월하고 행복한 삶을 살길 응원한다.

혼자 힘으로 답을 찾기 쉽지 않다면 주변의 강점 코치를 찾아 도움을 청하는 것도 방법이다. 기꺼이 당신을 도와줄 조력자가 되어줄 것이다.

마치는 글

책을 쓸 기회가 여러 번 있었다. 매번 부담스러웠다. 공저 책은 혼자가 아닌 함께하는 것이니 부담보다는 재밌겠다는 마음이 먼저 들었다. 중간 마감이 있을 때마다 약간의 부담은 있었지만 처음 생각처럼 끝까지 즐거운 마음으로 할 수 있었다. 강점을 발견하면 안개 낀 듯 흐리던 나의 모습과 미래가 선명하게 보이는 느낌을 받는다. 독자분들 역시 이 책을 통해 자신의 강점을 찾고 미래에 대한 희망이 생기는 계기가 되기를 바란다.

_ 신경화

첫 직장에서 17년간 일했습니다. 본캐의 종지부를 찍을 수 있도록 이끌림과 확신을 준 것이 '코칭과 강점'입니다. 삶의 문제를 탐구하고 해답을 찾아가는 여정을 돕는 코칭은 저의 소명이고 행운의 영역입니다. 잘하는 일로 나답게 즐기면서 사명 감당하며 행복한 삶을 살아갈 수 있도록 강점 코칭을 알리고 돕는 일에 헌신하고자 합니다. 함께 강점을 공부하고 집단지성의 힘으로 역량과 태도를 훈련해 온 공저 작가님들께 감사 인사드립니다. 이 책이 독자 분들의 강점 발견에 도움이 되길 바라봅니다.

_ 서성미

운 좋게도 마음먹은 대로 이루면서 살았던 것 같습니다. '나도 저 상을 타야지, 나도 저 위치에 올라야지, 나도 잡지 기사에 나왔으면 좋겠어.' 하면 시간이 1~2년 걸릴지언정 이루어졌던 것 같아요. 그런데 자신의 이야기를 글로 써보고 싶다는 욕구는 실현되기까지 정말 오랜 시간이 걸렸습니다. 용기낼 수 있게 함께해주신 우리 '한국강점코치협회' 코치님들과 지도해주신 이은대 작가님께 진심으로 감사드립니다. 재능과 강점이라는 강력하고 긍정적인 관점으로 상대를 바라볼 수 있다는 것은, 내게 온 가장 큰 행운입니다.

_ 조선정

책 출간하기! 30대의 버킷 리스트엔 존재했으나, 40대로 넘어오면서는 사라진 목표. '한국강점코치협회' 코치님들 덕분에 영원히 사라질 뻔한 책을 만들었다. 나의 책이 아니라 우리의 책이라 더 자랑스럽고 행복하다. 미친 듯이 찾아다녔던, 20, 30대의 나다움은 '지금, 여기' 존재한다. 함께하는 사람들 속에서 가장 빛나는 사람. 타인의 삶에 선한 영향을 주고 싶은 사람. 그 사람이 바로 나다. 책을 읽는 분들이 '온전히 나답게! 나다움으로 진짜 자유롭게!' 살아갈 수 있기를 바란다.

_ 박진희

책을 쓰면서 가장 많이 느낀 건, 많이 바뀌었다는 것이다. 글을 쓰는 동안 잊었던 옛 모습들을 떠올릴 수 있었는데, 무언가 바뀐 건 알고 있었지만 이렇게까지 달라진 줄 몰랐다. 나는 노력해도 안 되는 사람인 줄 알았다. 그런데 노력한 시간과 많은 분의 도움이 쌓여서, 이십대와 다른 삼십대, 작년과 다른 올해를 살고 있다. 특출하게 잘나지 않고 평범한 나의 이야기가 비슷한 시기를 지나가는 누군가에게 도움이 되면 좋겠다는 마음으로 글을 썼다. 이 책에서 희망을 발견하는 한 사람이 있기를 소망한다.

_ 차휘진

우리는 모두 뚜렷한 강점이 있다. 많은 사람은 자신의 약점을 잘 알고 있지만 강점과 재능을 그만큼 잘 알지 못한다. 진정으로 자신 있는 삶을 살고자 한다면 아름답고 강력한 자신의 고유한 강점을 찾고 이를 사용하여 고유한 내가 될 필요가 있다. 다른 사람과 자신을 비교하지 말고, 존재하지 않는다고 생각할 수도 있는 모습을 탐색해야 한다. 강점을 알게 된 여러분은 자신에 관한 질문에 자신 있게 답할 수 있고 싶어졌을 것이다. 이제, 멋지게 그것을 펼칠 일만 남았다.

_ 우근영

강점이라는 렌즈로 나와 세상을 새롭게 돌아볼 수 있는 시간이었다. 물론 부족한 태도까지 여실히 깨달을 수 있었다. 다행인 점은 탁월한 삶이란 강점을 긍정적으로 발휘할 수 있도록 노력하고 추구해나가는 과정 자체라는 사실이다. 강점 코칭은 나도 몰랐던 나의 가치를 알아봐 주는 누군가와의 잊지 못할 만남이다. 강점을 발견한 뒤 나를 진정 믿고 사랑할 수 있게 되었다. 독자들에게도 꼭 전해주고 싶다. "가장 중요한 건 자기 자신이 되는 거야."

_ 김재은

나만의 강점을 찾아 개발해 나가면 삶의 만족감이 높아지고, 자존감도 상승한다. 나아가 더 행복하고 탁월한 삶을 살아갈 수 있다. 이것은 나에게 초점을 맞추는 일이다. 나는 감사하게도 나에게 초점을 맞추고 나를 돌아보는 시간을 가질 수 있었다. 그리고 더 행복해졌다. 이제는 다른 사람에게도 초점을 맞추고 돕는 일을 해나가고 싶다. Who에서부터 시작하는 개념을 통해 다른 이들도 더 행복한 삶을 살아갈 수 있도록 돕는 일 말이다. 이 글을 읽는 당신도 강점을 통해 더 행복해졌으면 좋겠다.

_ 이재욱

위대한 나의 발견

초판 1쇄 인쇄 _ 2022년 12월 15일
초판 1쇄 발행 _ 2022년 12월 20일

지은이 _ 김재은, 박진희, 서성미, 신경화, 우근영, 이재욱, 조선정, 차휘진

펴낸곳 _ 바이북스
펴낸이 _ 윤옥초
책임 편집 _ 김태윤
책임 디자인 _ 이민영

ISBN _ 979-11-5877-330-4 03190

등록 _ 2005. 7. 12 | 제 313-2005-000148호

서울시 영등포구 선유로49길 23 아이에스비즈타워2차 1005호
편집 02)333-0812 | **마케팅** 02)333-9918 | **팩스** 02)333-9960
이메일 bybooks85@gmail.com
블로그 https://blog.naver.com/bybooks85

책값은 뒤표지에 있습니다.

책으로 아름다운 세상을 만듭니다. — 바이북스

미래를 함께 꿈꿀 작가님의 참신한 아이디어나 원고를 기다립니다.
이메일로 접수한 원고는 검토 후 연락드리겠습니다.